Alex Buchner
Vom Eismeer bis zum Kaukasus

© Podzun-Pallas-Verlag GmbH, Wölfersheim-Berstadt
Genehmigte Lizenzausgabe für „Edition DÖRFLER" im
NEBEL VERLAG GmbH, Utting

Alle Rechte vorbehalten.
Kein Teil des Werkes darf in irgendeiner Form (durch
Fotokopie, Mikrofilm oder ein ähnliches Verfahren) ohne
die schriftliche Genehmigung des Verlages reproduziert
oder unter Verwendung elektronischer Systeme verar-
beitet, vervielfältigt oder verbreitet werden.

1 2 3 4 5   5 4 3 2 1

Alex Buchner

Vom Eismeer bis zum Kaukasus

Die deutsche Gebirgstruppe im
Zweiten Weltkrieg 1941/42

Inhalt

Vorwort — 7

Lappland — Eismeer, Tundra und Murmansk — 9

Der Angriff des Gebirgskorps Norwegen gegen Murmansk im Sommer 1941 (2. und 3. Gebirgsdivision) — 12

Die 2. Gebirgsdivision
(Erinnerungsblätter der Division, verfaßt vom XIX. (Geb.)A.K. — 15

Einzelberichte — 18
Das verstärkte Gebirgsjägerregiment 137 beim 2. Angriff über die Liza (aus der Regimentsgeschichte) — 18
Kameradschaft — ein Beispiel für unendlich viele (Bericht eines ehem. Mitkämpfers) — 22
Verteidigung der »Steinplatte« (Aufzeichnungen des ehem. Oberleutnants Quarz der Regiments-Stabskompanie 137) — 22

Die 3. Gebirgsdivision
(Auszug aus der Divisionsgeschichte von General a.D. Paul Klatt) — 24

Einzelberichte — 32
Tagebuchaufzeichnungen des ehem. Gefreiten und Gebirgsartilleristen Krainer — 32
Aus dem Tagebuch des ehem. katholischen Wehrmachtoberpfarrers Maurer — 34
Gesamtverluste des Gebirgskorps Norwegen vom 29.Juni bis Mitte Oktober 1941 — 36

Die Eismeerfront im Winter 1941/42 (6. und 2. Gebirgsdivision) — 37

Die 6. Gebirgsdivision
(nach Unterlagen des Verfassers) — 37

Einzelberichte — 46
Kampf um den »Hausberg« (Bericht des ehem. Leutnants Kurrer vom II. Bataillon/Gebirgsjägerregiment 141) — 46
Teile der 2. Gebirgsdivision halten die sowjetische Frühjahrsoffensive 1942 in der offenen Südflanke auf (nach einem Gefechtsbericht) — 48
Einmalig in der ganzen Wehrmacht — Hunde- und Rentiergespanne (nach Unterlagen des Verfassers) — 51

Kaukasien — Land, Gebirge und Schwarzmeerküste   51

Der Angriff des XXXXIX. Gebirgs-Armeekorps gegen den Hochkaukasus im Sommer 1942 (1. und 4. Gebirgsdivision)   55

Die 1. Gebirgsdivision
(Auszug aus der Divisionsgeschichte von General a.D. Hubert Lanz)   57

Einzelberichte   62
Das I./Gebirgsjägerregiment 98 im Marucha-Tal
(nach Unterlagen des Verfassers)   62
Hochgebirgsbataillon 2 im Flankenangriff gegen den Maruchs-koj-Paß (nach Unterlagen des ehem. Bataillonskommandeurs Major Bauer)   63
Gefecht auf dem Elbrus in 4500 Metern Höhe (Bericht des ehem. Abschnittskommandanten Hauptmann Mayr)   66

Die 4. Gebirgsdivision
(Auszug aus der Divisionsgeschichte von General a.D. Julius Braun)   69

Einzelberichte   75
Vormarsch des Gebirgsjägerbataillons 94 in den Kaukasus
(nach Tagebuchaufzeichnungen des Verfassers)   75
Nachschub- und Versorgungsschwierigkeiten (aus dem Kriegstagebuch der 4. Gebirgsdivision)   76
Verteidigung auf den Hochpässen (aus einem Gefechtsbericht des Gebirgsjägerregiments 91)   79

Der Angriff im Waldgebirge des Westkaukasus im Herbst 1942 (»Division Lanz«)
(nach Unterlagen des Verfassers)   81

Einzelberichte   88
Der erste Angriffstag im Waldkaukasus (Schilderung eines ehem. Oberjägers der 1. Kompanie/Gebirgsjägerregiment 98)   88
Tagesmeldung der »Division Lanz« am 10. Dezember 1942   89
Truppenkrankennachweis vom 1. bis 10. Dezember 1942
(vom ehem. Divisionsarzt Dr. Kittler)   90
Einige Zahlenangaben der »Division Lanz« in der Zeit vom 27. September bis 31. Dezember 1942   91

Gliederung und Stärken einer Gebirgsdivision   92

Bildteil   95
Quellenhinweis   208

Vorwort

Die deutsche Gebirgstruppe zählte zur Elite des deutschen Heeres. Sie war während des 2. Weltkrieges an allen Feldzügen beteiligt und befand sich an allen Fronten im Kampf, in Polen ebenso wie in Norwegen, Frankreich und Jugoslawien, in Griechenland, auf Kreta, in Rußland und Italien, ja sogar in Nordafrika. Aus ihren schweren und harten Einsätzen während der ganzen fünfeinhalb Kriegsjahre wurde in diesem Text/Bildband der Zeitabschnitt von Sommer 1941 bis Herbst 1942 herausgegriffen, als die Gebirgssoldaten der 1., 2., 3., 4. und 6. Gebirgsdivision, begleitet von ihren treuen Weggefährten, den Muli, am nördlichsten und südlichsten Ende der gesamten, tausende Kilometer langen Ostfront in Angriff und Abwehr standen. Es waren dies zwei der extremsten Schauplätze, weitab allen zivilen Lebens, auf denen noch nie Krieg geführt worden war — die weltfernen Tundreneinöden mit ihren Polarwintern nahe der Küste des Eismeeres und die einsame, riesenhafte Gebirgswelt mit Fels-, Gletscher- und Waldregionen des Hoch- und Westkaukasus. Es waren keine großen Schlachten, die hier ausgefochten wurden, es war ein ständiges Ringen jedes Einzelnen mit unerschlossenen Landstrichen, mit ungebärdiger Natur und einem zähen, hartnäckigen Gegner.

Die Auszüge aus den einzelnen Original-Divisionsgeschichten geben in sachlich-nüchterner Darstellung das Gesamtgeschehen wieder. In den jeweiligen Einzelschilderungen dazu kommt der ehemalige Jäger, Gefreite, Oberjäger, Leutnant, Hauptmann, Major und Arzt zu Wort, um als Zeitzeugen stellvertretend für tausende und abertausende einstiger Angehöriger der Gebirgstruppe zu berichten, wie und was sie einmal erlebten.

Der Bildteil mit über 330 Originalaufnahmen, damals oft unter großen Schwierigkeiten gemacht und heute schon fast ein halbes Jahrhundert alt, soll bei knappen Unterschriften zur Erläuterung, für sich selbst sprechen.

Dieser Band, gewidmet allen Kameraden der ehemaligen deutschen Gebirgstruppe, soll noch einmal in eindringlichen Worten und dokumentarischen Fotos unverfälscht und wahrheitsgemäß auch für die ferne Zukunft aufzeigen, was junge Männer in ihren besten Jahren an ungeheuer geforderten Leistungen vollbringen, an unsäglichen Strapazen und Entbehrungen erdulden, an schmerzenden Verwundungen erleiden, an zeitlebens bleibender Versehrtheit ertragen und vielfach an Opfer des Lebens geben mußten — in einem Krieg, den keiner von ihnen gewollt hatte, den keiner verhindern und dem keiner entgehen konnte.

Angesichts dieser Tatsachen in Wort und Bild von einer »Verherrlichung« des Krieges zu sprechen, wäre nicht nur böswillig, sondern absurd.

Mögen irregeleiteter Glaube und Idealismus, Pflichterfüllung, Treue und Tapferkeit deutscher Soldaten nie mehr so mißbraucht werden.

Dillishausen, im Sommer 1988   Alex Buchner

Lappland — Eismeer, Tundra und Murmansk

Das war das Land am Eismeer — Aufmarschgebiet und in der Folge Kampfgelände des Gebirgskorps Norwegen. Das gesamte Gebiet wurde nach den Urbewohnern Lappland genannt. Es dehnt sich landeinwärts der Küste des Eismeeres, weit nördlich des Polarkreises (66° 33' N.Br.) und umfaßt die norwegische Provinz Finnmark, Schwedisch Lappland, den schmalen finnischen Landzugang zum Meer und den russischen Raum bis Murmansk. Einzige größere Orte liegen an der Küste und sind in Norwegen Vardö, Vadsö, Nyborg, Neiden und Kirkenes, in Finnland die Petsamogegend mit Petsamo und seinem Hafen Liinahameri, Parkkina und weiter landein die Siedlungen Luostari und Kolosjokki mit seinen wichtigen Nickelgruben sowie im russischen Gebiet die Hafenorte Port Wladimir, Polarnoje und als größte Stadt am Eismeer Murmansk mit seinem — wie auch bei den anderen Küstenorten — wegen des Golfstroms das ganze Jahr über einzigen eisfreien Hafen der Sowjetunion im Hohen Norden. Murmansk war von den Sowjets aus handelstechnischen wie strategischen Gründen zu einem großen Hafen und zu einer starken See- und Landfestung ausgebaut worden. Hier war auch die Basis der sowjetischen Eismeerflotte. Von Murmansk aus führte die Murmanbahn nach Leningrad und weiter ins Innere Rußlands und stellte somit eine besonders wichtige Verbindung dar.

Abgesehen von den kleinen Küsten- und Hafenorten mit ihrer Bevölkerung ist die ganze Hochebene landeinwärts nur dünn besiedelt. Die Lappen, ein Naturvolk mongolischen Ursprungs, ziehen als Nomaden mit ihren großen Rentierherden durch das Land, wobei sie sich nach besonderen Staatsverträgen an die einzelnen Landesgrenzen nicht gebunden fühlen. Zum Teil sind sie auch in kleinen Siedlungen, sog. Kirchspielen, seßhaft geworden. Sie leben im Sommer und Winter in Zelten und Erdhütten, ihre Lebensgrundlage sind die Rentiere, die ihnen praktisch alles liefern, was sie brauchen. Das Ren ist das einzige Tier in der Hirschfamilie, bei dem beide Geschlechter Geweihe tragen, und ist ein ausgezeichnetes Zugtier für leichte Lasten, aber kein Tragtier.

Das ganze Land, kaum bewohnt (im späteren Kampfgebiet gab es überhaupt keine Zivilbevölkerung mehr) war auch kaum verkehrsmäßig erschlossen. Bis Kirkenes führte die küstennahe norwegische Reichstraße 50 und nach Petsamo die von Rovaniemi ausgehende finnische Eismeerstraße. Außer diesen beiden großen Straßen gab es nur im Raum von Kirkenes ein geringes Straßennetz, das die kleineren Ansiedlungen miteinander verband. Ansonsten werden die Küstenorte auf dem Seeweg um das Nordkap erreicht. Im finnisch-russischen Grenzraum waren keinerlei Straßen vorhanden, erst jenseits der russischen Grenze führten in einiger Entfernung verschiedene Wege zu sowjetischen Militärlagern und eine Militärstraße nach Murmansk. — Eisenbahnlinien gab es außer der Murmanbahn nirgendwo.

Zwischen der finnischen Eismeerstraße und Murmansk liegt die arktische Tundra. Es gibt in ganz Europa kein abgelegeneres Gebiet als diese Einöde ohne Mensch und Tier, eine seit Urzeiten erstarrte Steinwüste in schweigender Einsamkeit, eine Ödlandschaft über dem 70. Breitengrad, die ihresgleichen sucht. Es sind schier endlose Felsketten, von der Eiszeit abgschliffene, kahle Hügel, Höhen, Buckel und Kuppen aus Gneis und Granit, mit oft steilen Flanken und Moränenhalden, Hochplateaus mit Felsplatten und Geröll und steinübersäten, welligen Ebenen mit Brocken in allen Größen, die oftmals nur mit ihren Spitzen aus dem torfartigen Boden ragen. Dazwischen ein Wirrsal von Schluchten, Mulden, Senken und Tälern, weite Sumpfniederungen und Hochmoore, eine Unzahl kleiner und größerer Seen und zahlreiche Bäche und Rinnsale. An größeren Flüssen sind zu nennen der Petsamojokki, die Titowa* und die etwa 30 Kilometer weiter ostwärts entfernte Liza und dann die Ura, die mit tiefeingeschnittenen Buchten in das Eismeer münden.

Das Land ist karg bedeckt mit Rentiermoos, Heidekraut, Flechten usw., die Täler und Ufer der Seen, Flüsse und Bäche sind bestanden mit verwachsenem Dickicht, Gestrüpp sowie niederen Krüppelföhren und Zwergbirkenwäldchen. Die nächsten hochstämmigen Wälder finden sich erst rund 200 Kilometer weiter südlich. — Die Hügel erreichen zwar nur Höhen bis zu etwas über 300 Meter, doch entspricht das ganze Gebiet seinem Charakter nach alpinem Gelände.

Das Klima ist zwar durch den günstigen Einfluß des Golfstroms als normal anzusehen, doch scheint in den Sommermonaten die Tag und Nacht nicht untergehende Mitternachtssonne, die auch in den Nächten noch einen fahlen Schein spendet. Vom Eismeer ziehen oft dichte und anhaltende Nebel herein. — Die arktischen Winter, die gewöhnlich schon Ende September beginnen und bis Mai andauern, sind sehr streng mit stark sinkenden Temperaturen von minus 40°C und mehr und tiefem Schnee. Dann bleibt auch für einige Monate die Sonne ganz aus, der Tag besteht dann nur aus einer von etwa 10 bis 14 Uhr herrschenden Halbdämmerung. Die endlos langen, dunklen Polarnächte werden vielfach von Nordlichtern erhellt, besondere Naturerscheinungen, deren milchige, gelbe und violette Schleier und Schwaden in rascher Folge ihren Standpunkt am Himmel wechseln. Am schlimmsten aber sind die vom Eismeer her kommenden arktischen Stürme, die oft tagelang mit größter Heftigkeit über das Land brausen.

Das also war das Kampfgebiet des Gebirgskorps Norwegen.

* auch als Titowka bezeichnet.

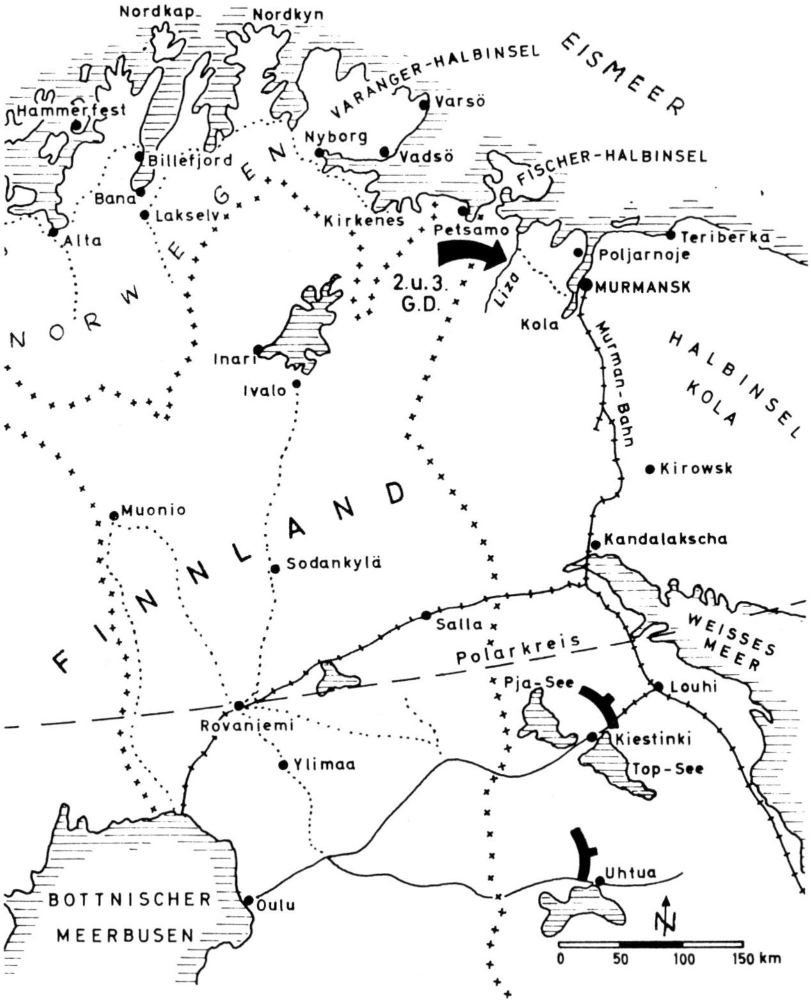

Große Lageskizze Nordraum

Geographische Skizze Eismeergebiet

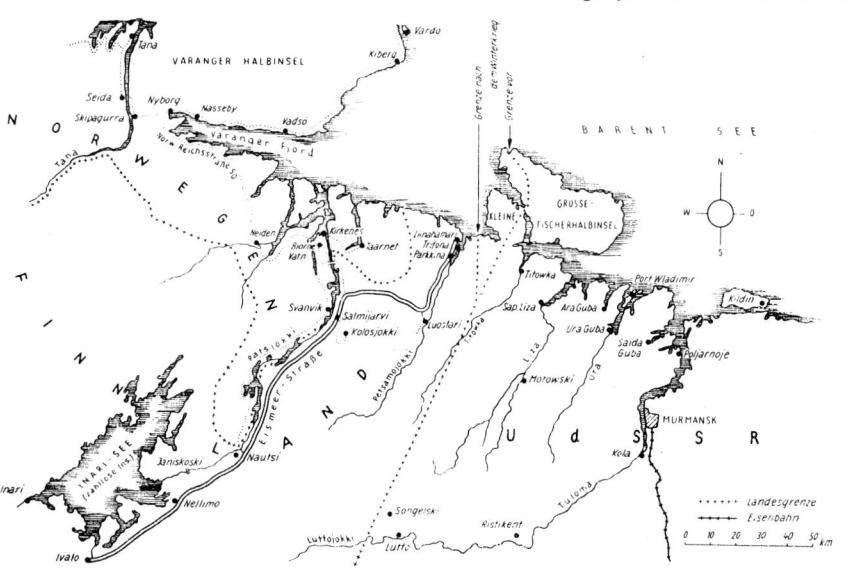

Der Angriff des Gebirgskorps Norwegen gegen Murmansk im Sommer 1941

(2. und 3. Gebirgsdivision)

Im Rahmen des gewaltigen deutschen Aufmarsches zum Feldzug im Osten 1941 gegen die Sowjetunion begannen auch im höchsten Norden Europas Truppenbewegungen. Unter Führung des Generals der Gebirgstruppen Dietl wurde das Gebirgskorps Norwegen, bestehend aus der 2. Gebirgsdivision (General Schlemmer) und der 3. Gebirgsdivision (General Kreysing) mit entsprechenden Korpstruppen, in den Monaten April bis Juni 1941 hoch oben im Norden am Eismeer, in Seetransporten und Fußmärschen aus Nordnorwegen kommend, im Raum des Varangerfjords versammelt. Dann erfolgte nach einer Vereinbarung mit Finnland, das sich dem Kampf gegen die Sowjetunion angeschlossen hatte, der Anmarsch. In langen Kolonnen standen am 22. Juni, als bereits an der ganzen Ostfront der Krieg begann, die beiden Divisionen aufgereiht, um die norwegisch-finnische Grenze zu überschreiten. Schon der weitere Marsch durch das finnische Petsamogebiet zur russischen Grenze in die Aufmarsch- und Bereitstellungsräume brachte große Wegschwierigkeiten. Am 29. Juni begann dann auch hier am Rande des Eismeeres und am nördlichsten Ende der gesamten Ostfront unter dem Decknamen »Platinfuchs« der Angriff gegen Murmansk.
Die Lage des Korps war von vornherein einmalig, es stand nämlich völlig allein ohne Nachbarn links und rechts. Im Norden war das Eismeer, im Süden klaffte durch endlose Tundren und Waldgebiete eine riesige Lücke von rund 300 Kilometern bis zum XXXVI. Korps, das in Richtung Salla angriff. Der Nachschubweg aus den Heimathäfen nach Kirkenes, durch britische Seestreitkräfte bedroht, betrug rund 2000 Seemeilen.
Der Auftrag für das Korps lautete: Stadt und Hafen Murmansk in Besitz zu nehmen und die von dort ausgehende Murmanbahn abzuriegeln. Dadurch sollten die erwarteten Hilfslieferungen der Alliierten nach der Sowjetunion durch Schiffsgeleitzüge auf der Nordatlantik- und Eismeerroute unterbunden werden. Daß diese in der folgenden Kriegszeit tatsächlich in bedeutendem Umfang erfolgten, zeigt dieser kurzer Hinweis: von insgesamt in den Jahren 1941 bis 1945 von den USA und Großbritannien gelieferten 17,5 Millionen Tonnen Kriegsmaterial aller Art kamen rund 4,5 Millionen Tonnen über den Nordatlantik und das Eismeer nach ihren Bestimmungsorten Murmansk und Archangelsk, der andere Teil im Mittleren Osten über den Persischen Golf und den Iran und im Fernen Osten über Wladiwostok in die Sowjetunion.

Die dem Gebirgskorps Norwegen gestellte Aufgabe, das mit rund 120 Kilometer scheinbar nahegelegene Murmansk zu erreichen, schien entfernungsmäßig — gemessen an den bisherigen Feldzügen — nicht schwer erfüllbar, jedoch wurden von der obersten deutschen Führung einige Faktoren gewaltig unterschätzt.

Hier war von Anfang an eine Kriegsführung modernen Ausmaßes nicht möglich. Der Angriff glich vielmehr einer Expedition in ein gänzlich unbekanntes Land jenseits der russischen Grenze mit seinem völlig unwegsamen Gelände, über das nicht einmal die Finnen genau Bescheid wußten. Das anfangs zur Verfügung stehende Kartenmaterial war ebenso ungenügend und mit großen weißen Flecken versehen. Der versuchte Einsatz von Panzern zeigte sich bald als nicht möglich, ein motorisierter Verkehr konnte erst nach mühsamen und langwierigem Straßenbau in rückwärtige Bereiche erfolgen. Im eigentlichen Kampfgebiet ging es nur noch zu Fuß vorwärts, dominierten allein die Gebirgsjäger mit ihren Tragtieren, mußte die Versorgung durch Tiere und Träger durchgeführt werden. Der Kampf war dem eines Buschkrieges ähnlich, außer Einsätzen der Luftwaffe war von einem modern geführten Feldzug nichts zu merken.

Der neue Gegner, die Rote Armee, war bisher fremd und über seine Stärke und Stellungen kaum etwas bekannt. Der Sowjetsoldat zeigte sich als ein geschickter, harter und zäher Kämpfer, wurde in der Verteidigung besonders vom Gelände begünstigt und konnte zudem über die Murmanbahn und die von Murmansk ins Kampfgebiet führende, ausgebaute Straße laufend rasch und sicher verstärkt und versorgt werden. Der Gegner besaß außerdem um Murmansk gute Flugplätze mit einer starken Luftwaffe und beherrschte durch seine Seestreitkräfte, denen keine eigenen gegenüberstanden, völlig die Küsten, Buchten und Fjorde des Eismeeres.

Die 2. und 3. Gebirgsdivision, denen im späteren Verlauf noch einige Einheiten zugeführt wurden, waren von vornherein sowohl stärke-, wie ausrüstungs- und versorgungsmäßig zu schwach. Am 8. September war zum dritten Male nach zwei vergeblichen Angriffen und feindlichen Gegenangriffen über die Liza, die zum Schicksalsfluß des Gebirgskorps Norwegen werden sollte, angetreten worden. Nach guten Anfangserfolgen mußte die Hoffnung, die beherrschenden Höhen jenseits der Liza noch vor Einbruch des Winters zu erobern, endgültig begraben werden. General Dietl meldete an General Jodl (Chef Wehrmachtsführungsstab im Oberkommando der Wehrmacht): »Mein Korps ist infolge dieser schweren Kämpfe schon rein zahlenmäßig am Ende seiner Kraft.«

Auch die im Spätherbst 1941 aus Griechenland im Frontgebiet eintreffende 6. Gebirgsdivision konnte den steckengebliebenen Angriff gegen Murmansk nicht mehr in Fluß bringen. Sie reichte gerade dazu aus, die entstandene Eismeerfront und den über die Liza gebildeten Brückenkopf zusammen mit Teilen der den offenen Südraum sichernden 2. Gebirgsdivision zu halten.

Die 6. Gebirgsdivision mußte froh sein, den hereinbrechenden Polarwinter überhaupt durchstehen zu können. Norweger und Finnen hielten es für gänzlich ausgeschlossen, daß größere Truppeneinheiten nördlich des Polarkreises überwintern und mit allem notwendigen Nachschub versorgt werden könnten. Daß es dennoch gelang, war der später von der Truppe voll anerkannten Härte und Strenge des Divisionskommandeurs, General Schörner, den fortgesetzten Bemühungen aller Versorgungsdienste und dem Aushaltewillen und der Anspruchslosigkeit von Offizier und Mann zu verdanken.

Der Angriff gegen Murmansk wurde nach einer endgültigen Entscheidung des OKW* nicht mehr aufgenommen und fortgesetzt. Die erreichte Front erstarrte im Stellungskrieg und diente jetzt vor allem dem Schutz und der Sicherung der kriegswirtschaftlich wichtigen, einzig in Europa befindlichen finnischen Nickelgruben von Kolosjokki. Das anfänglich angestrebte Ziel Murmansk blieb trotz aller Einsatzbereitschaft und Tapferkeit der Gebirgssoldaten unerreichbar, die Eismeerfront wurde von nun an zum kaum noch erwähnten Nebenkriegsschauplatz, bis im Herbst 1944 eine sowjetische Großoffensive zum allgemeinen Rückzug zwang.

Bei diesem befohlenen Angriff auf Murmansk war besonders deutlich geworden, wie eine sehr gute Truppe von der obersten Führung völlig überfordert und ihr über das Menschenmögliche hinaus zuviel abverlangt worden war, so daß ein Erfolg versagt bleiben mußte.

* Oberkommando der Wehrmacht

Einsatz des Gebirgskorps Norwegen im Sommer 1941

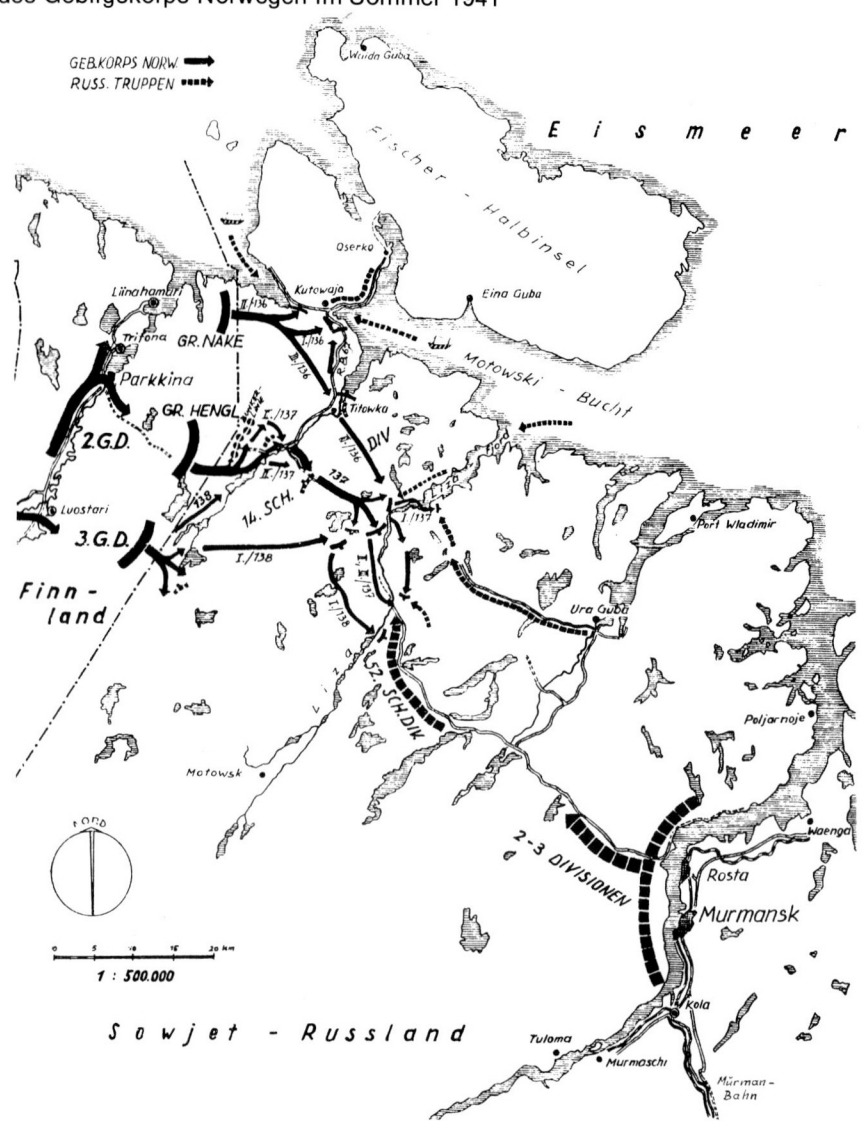

Die 2. Gebirgsdivision
(Erinnerungsblätter der Division, verfaßt vom XIX.(Geb.)A.K.

Mit Beginn des Ostfeldzuges überschritt die Spitze der Division am 22. Juni 1941 im Rahmen des Gebirgskorps Norwegen um 2.30 Uhr die norwegisch-finnische Grenze, um sich im Raum Liinahameri — Parkkina — zum Angriff auf die russischen Grenzbefestigungen gegenüber dem Petsamofluß bereitzustellen. Die Division erhielt den Auftrag, links neben der 3. Gebirgsdivision zunächst beiderseits der sogenannten Russenstraße die sowjetische Bunkerlinie zu durchbrechen, mit schwächeren Kräften gegen die Fischerhalbinsel zu sichern und in Hauptrichtung auf Murmansk vorzustoßen. Vom Feind war bekannt, daß sich unter dem Befehl der sowjetischen 14. Armee etwa zwei bis drei Divisionen im Raum vor Murmansk und mindestens ein Regiment in der Bunkerlinie nördlich des Titowka-Sees befanden.

Am 29. Juni 1941 um 3.30 Uhr trat die Division zum Angriff an. Rechts erstürmten die Jäger des Gebirgsjägerregiments 137 mit Pionieren (Gruppe Hengl) in kühnem Zupacken schon am ersten Angriffstag die russische Bunkerlinie hinter der Grenze und öffneten den Weg in das Titowa-Tal, wo bereits um die Mittagsstunde ein Russenlager und noch in der kommenden Nacht die Titowa-Brücke unversehrt in ihre Hände fielen. Das links angesetzte, ebenfalls verstärkte Gebirgsjägerregiment 136 (Gruppe Nake) nahm trotz starker russischer Gegenangriffe und heftigem Feuer mehrerer Küstenbatterien, Kanonenboote und Zerstörer den beherrschenden Mustatunturi am Hals zur kleinen Fischerhalbinsel und riegelte hier ab, um eine Flankenbedrohung von der Fischerhalbinsel her auszuschalten und ging mit dem III. Bataillon in Richtung Titowka vor. So war am Morgen des 30. Juni das erste Angriffsziel, die Höhe ostwärts der Titowka erreicht, der Feind aus seinen Grenzstellungen geworfen und die Masse der sowjetischen 14. Schützendivision zum Rückzug gezwungen.

Die Tatsachen, daß sich entgegen den Karteneinzeichnungen ostwärts der Titowka die Russenstraße in eine nur mehr morastige Karrenspur verlor und daß nun feindliche Flugzeuge unablässig in den Erdkampf eingriffen, konnten den Vorwärtsschwung des Regiments 137 nicht hemmen. Am 1. Juli stand das Regiment bereits auf den Höhen westlich der Liza.

Da wurden neue Feindkräfte in 25 Kilometer langer Kolonne im Anmarsch von Murmansk her gemeldet. Die Gefechtsaufklärung für den weiteren Angriff bestätigte bis zum 5. Juli, daß das Ostufer der Liza von starken Feindkräften besetzt war. Außerdem landeten zwei sowjetische Bataillone auf dem Nordufer der Liza-Bucht. Trotzdem entschloß sich die Division, mit dem Regiment 137 am 6. Juli beiderseits des Liza-Flusses, mit Schwerpunkt rechts, den Angriff in Richtung Liza-Brücke fortzusetzen. Das Regiment 136 sollte die Nord- und Ostflanke der Division einschließlich Fischerhals sichern. Trotz anfänglicher Erfolge gelang es unter dem Druck neuer, jetzt von Süden angreifender überlegener Feindkräfte nicht, einen Brückenkopf über die Liza zu bilden. Der erste Vorstoß über die Liza vom 5. bis 7. Juli war gescheitert. Hier gliederte sich auf der Ostseite der Feind zu neuem nachhaltigen Widerstand. Die Division mußte nun vor weiteren Angriffsunternehmungen erst ihren Nachschub sicherstellen.

Der 14. Juli sah die Division zusammen mit der 3. Gebirgsdivision in erneutem Angriff gegen die Liza. Es sollte nun versucht werden, durch umfassende Angriffe beider Divisionen die feindliche Verteidigung aus den Angeln zu heben. Unter beiderseitigem Flankenschutz von Teilen des Regiments 136 stieß das bei »Wasserfälle« über die Liza gegangene Regiment 137 in den Ura-Kessel vor. Dort blieb der weitere Angriff dieser schwachen Kräfte im konzentrischen Feindfeuer liegen. Das Gebirgskorps Norwegen beschränkte sich daraufhin, da auch dem Angriff von Teilen der 3. Gebirgsdivision kein weittragender Erfolg beschieden war, auf die Verteidigung eines Brückenkopfes in der günstigen allgemeinen Linie Punkt 258,1 — »Doppelkopf«.

Die Verluste allein dieses zweiten Angriffs an der Liza betrugen bei der Division 478 Gefallene und 1613 Verwundete, mit den schwer Erkrankten ein Gesamtausfall von 2772 Mann = rund ein Drittel der gesamten Kampfstärke.

Als der Feind Ende Juli die Aussichtslosigkeit seiner Gegenangriffe gegen den Liza-Brückenkopf einsehen mußte, versuchte er durch eine erneute Landung in der Liza-Bucht, die Nordflanke des Brückenkopfes einzudrücken. In den ersten Augusttagen lief unter dem Namen des Kommandeurs des Gebirgsjägerregiments 136 das Unternehmen »Hofmeister«, ein vorzüglich organisierter Angriff einer aus Teilen der Division zusammengestellten Kampfgruppe zur Säuberung des Nordufers der Liza-Bucht, dem ein voller Erfolg beschieden war. In nur zweitägigen Kämpfen gelang es, die Lage völlig zu bereinigen und durch diesen Erfolg die Voraussetzungen zu schaffen, vor Einbruch des Winters noch einmal zum Großangriff gegen die feindliche Liza-Verteidigung anzutreten. Diesmal sollte die Division mit starkem linken Flügel über die Ura-Höhe im Verein mit der weiter südlich ausholenden 3. Gebirgsdivision die im Raum Punkt 183,6 stehenden Feindkräfte zangenartig umfassen und einkesseln. Hierzu wurden in der Brückenkopfstellung nur schwächere Kräfte (MG-Btl. 4) belassen, um mit Masse ostwärts der Seenkette nach Südosten anzugreifen und bis Höhe 322 und Wegegabel ostwärts davon durchzustoßen. Die Kampfgruppe des Regiments 136 trat im Morgengrauen des 8. September zusammen mit zwei unterstellten Bataillonen des SS-Infanterieregiments 9 gegen die Höhen Pkt. 173,7 — »Zweisteineberg« an. Von der Artillerie kräftig unterstützt, erstürmten die Jäger, voraus das III./136, noch am Abend des gleichen Tages das befohlene Angriffsziel. In Durchführung des weiteren Angriffs gelang es der Kampfgruppe des verstärkten Regiments 137 jedoch nicht, weiter durchzustoßen. Zwischen »Runder See«, »Langer See«, »Herzsee« und »Mondsee« erhob sich ein gewaltiger Bergklotz mit der Höhe 314,9 und vielen Felskuppen, Steilwänden und einem dazwischenliegenden Plateau, ein Gelände, in dem sich der Feind zu besonders hartnäckiger Verteidigung eingerichtet hatte. Hier oben tobten heftige Kämpfe, ein Durchbruch westlich dieses Massivs und dem südlich davon liegenden Sperriegel der Ura-Höhe blieb stecken, diese beherrschende Höhe konnte nicht mehr völlig in eigene Hände gebracht werden. Das Ergebnis dieses 3. und letzten Angriffs blieb die Einbeziehung der wichtigen Höhen Pkt. 263,5 - 314,9 in den eigenen Liza-Brückenkopf, der in der nunmehr erreichten Linie auch gegen alle künftigen feindlichen Gegenangriffe gehalten wurde, wie sich dies in den folgenden harten Kämpfen zeigte.

Während die 3. Gebirgsdivision gänzlich von der Eismeerfront abgezogen wurde, erfolgte Ende Oktober 1941 ebenfalls die Ablösung der 2. Gebirgsdivision durch die neu herangeführte 6. Gebirgsdivision. Die 2. Gebirgsdivision wurde in den Ruheraum Kirkenes — Svanvik zurückgezogen, blieb jedoch im Gegensatz zur 3. Gebirgsdivision weiterhin am Eismeer.

Im weiteren Verlauf der Kämpfe dort begann sich der 400 Kilometer freie Raum nach Süden bis zum XXXVI.A.K. immer stärker auszuwirken. Der Feind schob in der rechts völlig offenen Flanke der 6. Gebirgsdivision immer neue Kräfte nach Westen vor. Kaum wurden diese aufgehalten, holte er noch weiter nach Süden aus. So mußten Teile der 2. Gebirgsdivision während des Winters 1941/42 die schwierige Aufgabe übernehmen, die offene Flanke abzuschirmen (II./136), wobei eine feste Stützpunktkette ostwärts Luostari errichtet wurde und die Verbindung durch Skispähtrupps aufrecht erhalten wurde. Um bis zur südlichsten Feldwache »Zuckerhütl« zu kommen, brauchte ein guter Skiläufer eineinhalb Tage. Die nicht an der Front eingesetzten Bataillone der Division schickten im Wechsel ihre Skijagdkommandos in Zug- oder Kompaniestärke in den freien Südraum aus, die dauernd gegen vorfühlende Feindteile unterwegs waren. Zu einem besonders verlustreichen Kampf wurde das Lutto-Unternehmen im Abschnitt des noch weiter südlich befindlichen finnischen Bataillons Ivalo, an dem auch das III./136 beteiligt war.

Ende April/Anfang Mai 1942 wurde die Division abermals auf eine besonders harte Belastungsprobe gestellt, als der Gegner überraschend an allen Frontabschnitten der 6. Gebirgsdivision mit starken Kräften angriff und besonders durch Umfassungen im Norden und Süden versuchte, die einzige rückwärtige Verbindung (Russenstraße) abzuschneiden und die gesamte 6. Gebirgsdivision einzukesseln. Die alarmierten und bataillonsweise an die bedrohten Nord- und Südflügel in Eile herangeführten und daher gemischten Einheiten der 2. Gebirgsdivision (im Nordraum das Gebirgsjägerregiment 137 mit I./136, III./137 und Gebirgspionierbataillon 82, im Südraum das Gebirgsjägerregiment 136 mit II., III./136, I., II./137 und Radfahrbataillon 67) konnten den Feind zunächst aufhalten und ihn dann zusammen mit der hart kämpfenden 6. Gebirgsdivision trotz schwerster Schneestürme in vierzehntägigen Kämpfen wieder auf seine Ausgangsstellungen zurückwerfen.

Die 2. Gebirgsdivision kehrte nach erfolgreich bestandener Abwehrschlacht wieder in ihre Ruheräume bzw. Reservestellungen zurück, um dann im Wechsel die 6. Gebirgsdivision wieder an der Front abzulösen. Bei der letzten sowjetischen Großoffensive im Oktober 1944 hatte die Division noch schwerste Kämpfe zu bestehen und erlitt hohe Verluste, konnte sich aber im Verband des Gebirgskorps nach Norwegen absetzen und kam 1945 noch an der Westfront im Pfälzer Raum und Süddeutschland zu letzten schweren Einsätzen.

Einzelberichte

Das verstärkte Gebirgsjägerregiment 137 beim zweiten Angriff über die Liza (aus der Regimentsgeschichte)

Am 13. Juli um 2.30 Uhr erhielt das Gebirgsjägerregiment 137 den Divisionsbefehl für den Angriff. Er besagte in kurzem folgendes: von Norden die Liza an der Furt überschreitend, sollte das III./138 über die Höhen 263,5 und 314,9 die Seenenge ostwärts des »Langen Sees« erreichen und für den weiteren Vormarsch offenhalten. Das I./136 sollte gleichzeitig von Norden vorgehend die Höhe 258,3 nehmen und bis zum Eintreffen des Regiments halten.

Das Regiment 137 (ohne I. Bataillon), dem die beiden genannten Bataillone unterstellt wurden, sollte am 13. Juli abends die Liza überschreiten, direkt nach Osten vorstoßend sich auf der Höhe 258,3 mit dem I./136 vereinen, dann gemeinsam mit diesem Bataillon die Seenenge gewinnen und dort in einer Wendung nach Westsüdwesten sich zum Angriff auf die Höhe 183,6 bereitstellen. — Ein weitreichender und schwerer Auftrag.

Das Gelände, am Anfang Sumpfniederung, unübersichtlich mit Birkengebüsch bestanden, stieg bald zum durchschnittenen, felsigen Höhengelände nördlich des »Langen Sees« an und bot dort einem Verteidiger beste Möglichkeiten. Vollkommene Wegelosigkeit und die großen Entfernungen erschwerten den Nachschub empfindlich. Die Unwegsamkeit bedingte weiterhin, daß nur eine geringe Anzahl der Tragtiere und keine Karetten vom Regiment mitgenommen werden konnten. Jeder Mann mußte möglichst viel Munition und Kaltverpflegung für mindestens drei Tage selbst tragen. Dazu war von der Stärke des Feindes in dem Gebiet, in dem das Regiment angreifen mußte, allzuwenig bekannt.

Der 13. Juli war ein regnerischer, nebliger Tag, die kommende Nacht unsichtig, naß und kalt. Um 22.00 Uhr stießen die Pioniere mit den Schlauchbooten, darin das II. Bataillon als Spitze des Regiments, vom Westufer der Liza ab und erreichten fast ohne Beschuß über den reißenden Fluß die andere Seite. Dort drangen die Jäger sofort nach Osten in den Birkenwald vor, um den Bau eines Schlauchbootsteges zu sichern. Der herrschende Nebel begünstigte bisher das Unternehmen. Nur einzelne Maschinengewehrnester und versteckte Schützen machten im entstandenen Brückenkopf jenseits der Liza Schwierigkeiten.

Gegen 4.00 Uhr begann sich der Nebel zu heben, die feindlichen Beobachter gewannen allmählich Einblick in die Stegebautätigkeit an der Liza. Sofort nahm die russische Artillerie immer stärker das Feuer auf, ohne jedoch größeren Schaden anzurichten.

Die schon auf dem Ostufer der Liza befindlichen Teile des II. Bataillons drangen in dem äußerst schwierigen Gelände durch die Buschniederungen langsam nach Osten vor. Nach etwa einem Kilometer erreichten sie eine kleine Höhe, vor der ein breiter Sumpfstreifen das weitere Fortkommen fast unmöglich machte. Außerdem verstärkte sich der Feindwiderstand immer mehr und die Kompanien, die versuchten, über den Sumpf anzugreifen, hatten durch flankierende MGs ziemliche Verluste, so daß der Angriff vorerst liegen blieb.

Der Floßsacksteg war um 6.00 Uhr fertig. Die Masse des Regiments überschritt nun die Liza und stieß zum kämpfenden II. Bataillon vor. Immer wieder versuchte dieses den Sumpf zu überwinden. Teilweise bis zu den Hüften arbeiteten sich die Jäger im schweren Feuer durch den Morast. Die Verluste stiegen, der Angriff kam nicht vorwärts.

Als der Regimentskommandeur erkannte, daß das weitere Vordringen an dieser Stelle nicht möglich war, befahl er die Umgehung des Sumpfes nach Norden. Das II. Bataillon konnte sich auch ohne größere Schwierigkeiten vom Feind lösen, die Umgehung gelang und bald drangen die vorderen Kompanien in den Birkenbusch am Fuß der Höhe 258,3 ein. Der Feind verteidigte sich hier zäh, obwohl sich in seinem Rücken bereits Teile des I./136 befanden. In schweren Einzelkämpfen wurden die feindlichen Nester genommen. Um 14.00 Uhr war das Höhenplateau 258,3 erreicht und die Verbindung mit dem I./136 hergestellt. Ohne Unterbrechung wurde der Vormarsch nach Osten fortgesetzt und erst mit Erreichen des Sattels südlich der Höhe 274,0 befahl der Regimentskommandeur eine Rast von 16.00 bis 20.00 Uhr, die den abgekämpften Jägern und ermüdeten Tragtieren — schon seit 25 Stunden war das Regiment unterwegs — eine kurze Erholung gewähren sollte. Das Wetter blieb weiterhin regnerisch, neblig und kalt. Der Tundraboden wurde immer sumpfiger, die Felsen glatt und rutschig. Der Regen drang allmählich durch die Uniformen, der Wind ließ die müden Glieder erstarren.

Um 20.00 Uhr trat die Spitze des II. Bataillons wieder an, überschritt den Sattel und stieg in das Tal nördlich des »Runden Sees« ab. Vom Feind war nichts zu sehen. Vor dem Regiment lag das weit ausladende Massiv der Höhen 314,9 und 263,8. Über einen steilen, moosbewachsenen freien Hang stieg das Regiment zu diesen Höhen an. Der Feind hatte anscheinend die Bewegung erkannt und versuchte, sich mit der Artillerie auf die lange Kolonne einzuschießen. Aus der Ferne im Osten war Gefechtslärm zu hören. Das mußte das an der Seenenge kämpfende III./138 sein. Durch tiefe Schluchten drang das II. Bataillon entfaltet, und hinter ihm das ganze Regiment mit einer unterstellten und verlasteten Gebirgsartillerie-Abteilung weiter vor.

In den frühen Morgenstunden des 14. Juli erreichte das Regiment eine tief eingeschnittene Bachschlucht, die zum »Herz See« nördlich der Seenenge hinabführte. In einem Anlauf stürmte das II. Bataillon zum »Herz See« hinunter, wendete sich nach Süden und erreichte mit den vordersten Teilen die Seenenge. Da schlug ihm von den Höhen, aus den Birkenwaldungen, aus den Felswänden ein vernichtender Geschoßhagel aller Waffen entgegen. Eingeklemmt zwischen den Bergwänden lagen die Jäger, überschüttet vom feindlichen Feuer, einem Feind gegenüber, der nicht festzustellen war. Die Masse des Regiments lag durchnäßt und frierend in den Schluchten des Höhenmassivs hinter seinem vordersten Bataillon. Vor allem die Höhe 200 am Ostufer des »Herz Sees« und die kleine bewaldete Höhe davor schienen stark feindbesetzt zu sein. Ein direkter Durchstoß nach Süden ohne Wegnahme dieser flankierenden Höhen war nicht möglich. Das III./138, das ja den Auftrag hatte, die Seenenge offen zu halten, lag unmittelbar am »Langen See« und hatte mit Teilen schon die steilen Felswände des Massivs 314,9 durchstoßen. Diesen Weg konnte jedoch das Regiment mit seinen Tragtieren und der Artillerie wegen der erheblichen Geländeschwierigkeiten nicht einschlagen. Der Regimentskommandeur entschloß sich daher, mit dem I./136 die den Zugang flankierenden Höhen am »Herz See« anzugreifen, dadurch die Feindeinwirkung auszuschalten und mit der Masse des Regiments an diesen Höhen vorbei direkt nach Süden durchzustoßen.

Während der ganzen Zeit lag das Regiment im russischen MG-, Granatwerfer-und Artilleriefeuer und hatte in dem Felsgelände nur schlechte Deckungsmöglichkeiten.

Um 13.00 Uhr waren die notwendigen Verschiebungen durchgeführt, die 7,5 cm Gebirgsbatterien waren in Stellung gegangen und eröffneten das Vorbereitungsfeuer, vor allem auf die kleine Höhe an der Südspitze des »Herz Sees«, welcher der erste Angriff galt. Das I./136 stieg durch die Mulde zum »Herz See« hinab und griff in schweren Einzelkämpfen den Feind in seinen ausgebauten Stellungen im dichten Birkenbusch an. Der Angriff gewann an Boden, die Höhe kam immer mehr in den Besitz des Bataillons. Das II./137 und hinter ihm das ganze Regiment konnten zum Durchstoß am kämpfenden I./136 vorbei nach Süden antreten.

Um 16.00 Uhr hatte das I./136 sein Angriffsziel erreicht. Das II./137 stieß währenddessen durch den von steilen Felswänden eingerahmten Sattel nach Süden zum »Langen See« durch und erreichte bald das Felsmassiv südlich des Sees. Dort stiegen in steilen Wänden die Felsen aus dem See auf und erschwerten einer angreifenden Truppe das Vorwärtskommen erheblich.

Das III./137 mit dem Regimentsstab hinter dem II./137 blieben jedoch auf einem Weg, den die Russen von Ura Guba hierher gebaut hatten, kamen so links des II. Bataillons in einen weiten Talkessel (Ura Kessel) und durchstießen ihn im schnellen Vorgehen. 12 von den Russen stehengelassene Lkw fielen dabei in eigene Hand. Die vorderste Kompanie stieg schon zu den den Talkessel abschließenden Höhen hinauf. Schier endlos marschierte hinter ihr der Heerwurm des Regiments. Da brach plötzlich von allen Seiten ein Feuerorkan über die marschierende Kolonne herein, als wäre die Hölle los. Die ganzen Höhen waren, großartig getarnt, vom Feind besetzt. Deckung suchend entfaltete sich das III. Bataillon in den Geröllfeldern. Der Bataillonskommandeur setzte die beiden vorderen Kompanien zum Sturm auf die Höhen an. Immer wieder rannten diese gegen die in den Felsennestern glänzend gedeckten Sowjets an, doch jeder Angriff wurde unter empfindlichen Verlusten abgewiesen. Durch das Halbrund des Kessels bedingt, konnte der Feind flankierend, ja sogar in den Rücken der stürmenden Jäger schießen.

Nun entschloß sich der Regimentskommandeur, den Kampf abzubrechen und dem II. Bataillon zu folgen. Das Loslösen vom Feind war äußerst schwierig und nur durch die rasch aus Pionierkompanie und Radfahrzug gebildete Aufnahmestellung am nördlichen Abschluß des Talkessels möglich. Diese Teile nahmen gleichzeitig nach links, also Nordosten, Verbindung mit dem dort weiterhin schwer kämpfenden I./136 auf. Dieses Bataillon wehrte sich in schwierigen Kämpfen im Birken- und Buschwald gegen ständige Angriffe der Russen aus Nordosten. Dort versuchte der Feind immer wieder die Flanke des Regiments einzudrücken und so die Verbindung nach rückwärts mit dem einzigen Nachschubweg abzuschneiden. Immer wieder meldete das I./136 an diesem linken Flügel neue Angriffe, die es zwar jedesmal abschlug, die es aber auch jedesmal Verluste kostete und seine Kampfkraft immer weiter schwächten.

Der Regimentskommandeur war inzwischen zum II. Bataillon, das er auf den Höhen rechts des III. Bataillons vermutete, vorausgeeilt. Die Lage war jedoch auch dort nicht günstig. Seit einem Tag lagen zwei Kompanien des III./138 am Nordrand des Höhenplateaus, dort, wo es steil in den »Langen See« abfällt, eingekrallt

in verzweifelter Abwehr. Die beiden Kompanien hatten nur einen ganz schmalen Streifen nehmen können und lagen nun dort überschüttet von den feindlichen Geschossen, eingedeckt von Granaten der russischen Artillerie und Granatwerfer und wehrten zur Zeit, als der Regimentskommandeur eintraf, den 17. feindlichen Angriff ab. Die Verluste waren groß. In fast nicht abreißender Kette wurden die Verwundeten die steile Halde zum »Langen See« heruntergetragen. Hierher war das II./137 in schnellem Ansturm durchgestoßen und hatte gehofft, den beiden Kompanien Verstärkung und damit endgültig Hilfe zu bringen. Als jedoch die ersten Jäger des II. Bataillons ihre Köpfe über den Höhenkamm herausstreckten, empfing sie ein wahrer Feuerregen. Der Feind hatte das Höhenmassiv 322 zu einer richtigen Festung ausgebaut. Eingegraben und eingenistet lag er in seinen Felsstellungen, nicht zu erkennen durch die eigene Artillerie und kaum gesehen von den Jägern. Wer aber im Sturm oder als Stoßtrupp versuchte, gegen diese Stellungen anzurennen, der lag im konzentrischen Feuer der feindlichen Waffen. So preßte sich das Bataillon an den steilen Hang hinter die beiden Kompanien und in die Mulde ostwärts des »Langen Sees«, dem ständigen Feuer der sowjetischen Granatwerfer ausgesetzt. Ein weiterer Angriff schien dort kaum möglich. Der Russe hatte die Umgehungsbewegungen des Regiments frühzeitig erkannt und sich in meisterhaft angelegter Abwehrstellung auf den Angriff vorbereitet. Eine fernmündliche Rücksprache mit der Division ergab, daß der westlich des Regiments am anderen Ufer des »Langen Sees« vorgesehene Durchstoß des Gebirgsjägerregiments 139 ebenfalls nicht geglückt war und es dort in schwerem Abwehrkampf gegen russische Angriffe im schwierigen Sumpfgelände festlag. Für das Regiment 137 ergab sich somit eine äußerst bedrohliche Lage. Es hatte in einem Durchstoß die Seenenge am »Langen See« erkämpft. Das III. Bataillon hatte nach dem mißglückten Versuch, weiter nach Süden vorzudringen, den Sattel und das Massiv ostwärts der Höhe 314,9, nachdem das Loslösen, wenn auch mit Verlusten, geglückt war, besetzt. Rechts vor ihm lag noch das II. Bataillon in schwerem Abwehrkampf um die schmale Höhenstellung jenseits des »Langen Sees«. Links in der Flanke wehrte sich das I./136 verbissen gegen ständige russische Durchbruchsversuche in den Rücken des Regiments. Die beiden Gebirgsbatterien waren zwar in Stellung gegangen, hatten jedoch nur so wenig Munition — sie hatten ja auf dem wegelosen Geländemarsch kaum etwas mitnehmen können —, daß sie Angriff oder Abwehr nicht wirksam unterstützen konnten. Der Angriff des Nachbarregiments war weit im Westen zum Stehen gekommen.
Mit einem Nachschub war kaum zu rechnen. Die Lizabrücke lag achtzehn Stunden entfernt, dazwischen war Niemandsland ohne Weg und Steg. An einen weiteren Angriff war vorerst gar nicht zu denken...

Kameradschaft — ein Beispiel für unendlich viele
(Bericht eines ehemaligen Mitkämpfers)

Da war ein Jäger bei einem Angriff seiner Gruppe über eine freie Fläche vorausgestürmt und lag nun schwerverwundet hinter einem Stein. Ein großer Granatsplitter hatte ihm ein Bein zerschmettert. Erschöpft und flehend rief er nach den Sanitätern. Der erste, der ihm zu Hilfe eilen wollte, wurde selbst schwer verwundet, konnte aber zurückkriechen. Zwei russische Scharfschützen nahmen jeden aufs Korn, der nur die geringste Bewegung außerhalb der Deckung machte. Keiner wagte sich mehr nach vorn, von wo das Stöhnen des Schwerverwundeten kam. »Macht Platz!« rief da einer. Er war das »schwarze Schaf« der Kompanie, ein ewiger »Meckerer«, einer, der alles andere lieber gewesen wäre als Soldat. »Du kommst unmöglich durch«, warnten ihn die Kameraden, doch da sprang er schon los. Links und rechts von ihm spritzten die Geschoßeinschläge auf. Mit dem Schwerverwundeten auf dem Rücken kroch er zurück. Wenige Meter vor der schützenden Deckung brach er mit einem Brustdurchschuß zusammen. Beide wurden in Sicherheit gebracht. Die stärksten Leute der Kompanie wurden beauftragt, die drei Verwundeten zurückzutragen.
Mit zusammengebastelten Bahren aus je zwei Birkenknüppeln und einer Zeltbahn trug man sie zurück zum Truppenverbandplatz des Bataillons, wo schon 30 Verwundete hinter einer schützenden Felswand lagen. Seit Stunden arbeiteten hier zwei Ärzte unermüdlich....
Und so war dies allgemein mit jedem, der vorn getroffen wurde. Die Leichtverwundeten marschierten nach Anlegen eines Notverbandes auf den Truppenverbandplätzen sofort weiter nach hinten. Für die Schwerverwundeten machte sich der Mangel an Krankenträgern zurück zu den Hauptverbandplätzen besonders arg bemerkbar. Von der kämpfenden Truppe sollte niemand abgezogen werden und das verfügbare Sanitätspersonal war ständig unterwegs. 16 oder 18 Stunden über Höhen und durch schluchtartige Täler, durch Moortümpel und dichten, weglosen Birkenwald führte z.B. der Weg zum Hauptverbandplatz am »Herz-Berg«. Gar mancher Schwerverwundete war den Strapazen dieser Transporte nicht gewachsen und verblutete oder starb sonst auf diesem martervollen Weg. Erst wenn die Verwundeten die anschließende qualvolle Fahrt auf der holprigen Russenstraße hinter sich hatten und im Feldlazarett von Parkkina waren, konnten sie sich endlich in bester Obhut und Pflege fühlen.

Verteidigung der »Steinplatte«
(Aufzeichnungen des ehem. Oberleutnants Quarz der
Regiments-Stabskompanie 137)

16. Juli: Das Regiment verteidigt sich in einem übergroßen Abschnitt mit III. Bataillon an der »Kräutlerwand« und dem I./136 am »Herz See« gegen die nunmehr heftiger geführten Angriffe des Feindes, der den ausweichenden Gebirgsjägern scharf nachdrängt.

17. Juli: Das feindliche Granatwerfer- und Artilleriefeuer und ständige Fliegerangriffe verursachen empfindliche und steigende Verluste, so daß das Regiment am nächsten Tag in eine rückwärtige Brückenkopfstellung zurückgezogen wird.
18. Juli: Erkundung der Brückenkopfstellung auf den Höhen 258,3 für III. Bataillon und 274,3 für II. Bataillon und Regimentsgefechtsstand.
19. Juli: Artillerie-Volltreffer in die zurückgebliebene Regiments-Vermittlung am »Herz See«. Mit Krankenträgern noch einmal zurück zum «Herz See« zur Bergung von vier Schwerverwundeten und des Geräts vor den dem zurückweichenden III. Bataillon nachdrängenden Russen. Mit den Verwundeten zurück in die neue Verteidigungsstellung des Liza-Brückenkopfes.
20. Juli: Der Feind stößt über die Höhen 314,9 und 263,8 bald nach und greift die notdürftigen Stellungen des Regiments an verschiedenen Stellen an.
21. Juli: Die Stellungen werden schematisch mit Artillerie und Granatwerfern abgestreut, dazu laufender Fliegereinsatz und feindliche Angriffe.
22. Juli: Starke und andauernde Feindangriffe am Sattel vor der Höhe 274 gegen die Vorderhangstellung (»Steinplatte«) des II. Bataillons nach starkem Artillerie- und Granatwerferfeuer, die von der 6. Kompanie nur mit Handgranaten unter Verlusten abgewehrt werden können. Feindliche Einbrüche werden im Gegenstoß bereinigt.
23. Juli: Ununterbrochene russische Angriffe gegen die »Steinplatte« mit stundenlangem Artilleriefeuer auf den ganzen Brückenkopf. Trotz Verstärkung der 6. Kompanie dringt der Feind in die Stellung an der »Steinplatte« ein. Gegenstoß durch den Rgt. Radfahrzug, der auf der »Steinplatte« bleibt, kostet Verluste. Alles baut Steindeckungen und -bunker.
24. Juli: In der Stellung auf der »Steinplatte« bei harten Nahkämpfen weitere Verluste. Die Versorgung über die vom Feind eingesehene Vorderhangstellung zur »Steinplatte« ist bei dem ewigen Polartag sehr schwierig.
25. Juli: Überraschender Einbruch des Feindes aus der Felsenschlucht vor der »Steinplatte« wird im Nahkampf abgewehrt und die Russen wieder über den Felsabsturz in die Schlucht zurückgeworfen.
26. Juli: Erbitterte Nahkämpfe fordern weitere Verluste. Verschiedene Kompanien und Züge aus Truppenteilen des Regiments und der Division müssen zur Verstärkung auf die »Steinplatte« und werden aufgerieben.
27. Juli: Nach starker Artillerievorbereitung sehr heftige feindliche Angriffe gegen die »Steinplatte«, in deren Verlauf die Russen im Nebel bis zum Sattel an der Höhe 274 eindringen, wo sie zurückgeschlagen werden. Kompanieführer der 6. Kompanie und Führer des Radfahrzuges fallen aus. Krisenlage auf der »Steinplatte«. Die Verluste steigen. Auf Befehl des Regimentskommandeurs übernehme ich den Abschnitt mit den Resteinheiten auf der »Steinplatte«. Die Jäger sind abgerissen und abgekämpft...

Die 3. Gebirgsdivision
(Auszug aus der Divisionsgeschichte von General a.D. Paul Klatt)

Am 22. Juni 1941 überschritt die verstärkte 7./Gebirgsjägerregiment 139 bei Boris Gleb die norwegisch-finnische Grenze. Als Vorhut der Division erreichte die Kompanie den Versammlungsraum der Division von Luostari, setzte bei strömendem Regen über den Petsamojokki, um nunmehr in völlig weglosem, von Sümpfen und Felsriegeln durchsetztem Gebiet den Grenzraum am Heinäjärvi zu sichern. Am 24. Juni trafen die letzten Truppen der Division in Luostari ein. Damit war die Besetzung Finnisch-Lapplands im Abschnitt Nautsi — Petsamo beendet. Über das Feindbild breitete sich ein Schleier der Ungewißheit. Sicher war nur, daß im Raum Lutto-Abschnitt, Kola, Murmansk und Fischerhalbinsel die sowjetische 14. und 104. Schützendivision und ein NKWD-Grenzregiment lagen.

Das Gebirgsjägerregiment 138 wurde als erstes zum Angriffsregiment bestimmt. Das Gebirgsjägerregiment 139, das Pionierbataillon und eine RAD-Gruppe waren zunächst zum Straßenbau eingesetzt und stellten auch Trägerkolonnen. Auch das Radfahrbataillon 68 beteiligte sich an den fieberhaften Versuchen, die Wildnis zwischen Luostari und dem Laijoaivi passierbar zu machen. So entstand ein schmaler Versorgungsweg, der für Tragtiere und Karetten benutzbar war. Mehrere hundert Jäger des Regiments 139 schleppten Versorgungsgüter aller Art, darunter Floßsäcke und Brückenbaugerät auf ihrem Rücken in den Bereitstellungsraum. Noch bevor überhaupt der erste Schuß gefallen war, stand fest, daß die künftigen Bewegungen und Operationen durch ungeheure Versorgungsschwierigkeiten bestimmt sein würden. Doch niemand ließ den Mut sinken.

Den Schutz der rechten Korpsflanke hatte inzwischen das finnische Bataillon Ivalo übernommen.

Aufgabe der Division war es zunächst, das wild zerklüftete Ödland zwischen Laijoaivi und der Straße Spad-Liza — Murmansk zu überwinden. Dann galt es, dem Feind vor der 2. Gebirgsdivision in den Rücken zu fallen und die Zuführung weiterer Sowjettruppen zu verhindern.

Am 29. Juni setzte das verstärkte II./138 über die Titowka. Es stieß nur auf schwachen Widerstand. Während das Bataillon das Höhengelände am Tschapr-See erreichte, hatten die Pioniere inzwischen eine Behelfsbrücke über die Titowka errichtet.

Bereits gegen Mittag zeichnete sich eine Lage ab, die den Angriff der Division in der bisherigen Richtung illusorisch machte. Der Befehlsfunk meldete Erfolge beim linken Nachbarabschnitt. Dort hatte die 2. Gebirgsdivision den feindlichen Grenzgürtel mit seinen Bunkeranlagen durchbrochen, der Feind zog sich auf einer nach Osten führenden Straße zurück. Es bedurfte also nicht mehr des mühevollen Umgehungsmanövers der 3. Gebirgsdivision. Nur das I./138 konnte, indem es so rasch wie möglich nach Nordosten die Straße gewann, den abziehenden Feind noch fassen. In der Polarsommernacht zum 30. Juni erreichte das Bataillon die Höhe 180, setzte sich dort fest und nahm den rückläufigen Fahrzeugverkehr der Russen unter Feuer. Bei einem eigenen Verlust von 6 Gefallenen und 15 Verwundeten wurden u.a. 8 Geschütze, 3 Pak, 3 leichte Panzer und 25 Lkw erbeutet und 25 Gefangene gemacht. Alle übrigen Truppen der Division mußten nun hinter der 2. Gebirgsdivision einschwenken. Dieser Marsch zur Straße, der nunmehr sogenannten »Russenstraße«, brachte in dem unwegsamen Sumpf- und Felsgelände sonst kaum zugemutete Strapazen. Es waren zwar kaum 20 Kilometer zu überwinden, trotzdem dauerte dieser Richtungswechsel mehr als einen Tag, wobei das Regiment 138, die Gebirgsartillerie usw. ihre gesamten Waffen, Munitionsbestände und Karetten am Ostufer der Titowka über ungezählte Geröllfelder, Sümpfe und Wasserläufe tragen mußten. Im verlassenen Russenlager am Titowka-See wurden Trockenbrotvorräte, Salz, Fleisch, Hirse, Hafer und Heu entdeckt, das bei Mann und Maultier für einen vollen Magen reichte.

Im Angriffsstreifen der Division trieb die 2./138 Gefechtsaufklärung vor, drang dabei rechts der Russenstraße bis zur Höhe 257,4 vor und meldete den Aufbau einer neuen russischen Verteidigungsfront am Ostufer der Liza. Dieser Eindruck verstärkte sich, als die Masse des Regiments 138 langsam aufschloß. Am 4. Juli war noch kein Gebirgsgeschütz herangekommen, selbst Karetten kamen nicht voran. Die großen Floßsäcke für einen Flußübergang mußten vorwärts getragen werden, um schließlich doch auf halbem Weg liegenzubleiben. Zwei Tage darauf waren einige Tragtiere und Floßsäcke beim I./138 südwestlich der Liza-Brücke eingetroffen. Als dann auch die Gebirgsgeschütze zweier leichter Gebirgsbatterien im gleichen Raum in Stellung gehen konnten, entschloß sich das I./138 als Spitzenbataillon den Sprung über die Liza zu wagen und meldete Angriffsbereitschaft.

Am Abend des 6. Juli überschritt dann das I./138 in Floßsäcken die Liza. Binnen kurzer Zeit war das Höhengelände südlich der Liza-Brücke in eigener Hand. Es bestand aus zwei Bergrücken, zwischen denen eine sumpfige Mulde lag. Von den Höhenkämmen aus öffnete sich ein weiter Rundblick über feindbesetztes Land. Zu Füßen verlief die nach Murmansk führende Russenstraße. Der Feind antwortete mit Gegenstößen und Umfassungsversuchen, die abgewiesen werden konnten. Erst am späten Abend erreichte nach Überschreiten des Flusses auch das II./138 den südlichen Bergrücken (»Pranckh-Höhe« getauft), die nördliche Kuppe wurde »Brandl-Höhe« genannt. Damit waren zwei Bataillone des Regiments 138 in vorderster Linie eingesetzt, das III./138 leistete Trägerdienste und hatte den schwierigen Abtransport der Verwundeten übernommen. Artilleristisch und auch in der Luft war der Feind weit überlegen.

Der neue Tag brachte neue Abwehrkämpfe. Längst hatte jeder Jäger das Zeitgefühl verloren. Er sah die Sonne fast zu jeder Tageszeit. Dunkel wurde es nie. Und so war das Kampfgeschehen der Nacht zum 7. Juli unmerklich in einen neuen Tag jenes arktischen Sommers hinübergeglitten. Der Feind griff weiter an. Es ging ihm darum, den Weg zu seinen Kräften an der Liza-Brücke freizukämpfen, die dort mit Teilen der 2. Gebirgsdivision ins Gefecht geraten waren. Doch alle russischen Infanterieangriffe scheiterten.

In der Nacht darauf verschärfte sich die Lage. Der Feind warf Verstärkungen heran, aus Richtung Murmansk näherten sich lange Fahrzeugkolonnen. Seine Steilfeuerwaffen schossen in immer rascherer Folge. Häufiger noch als bisher griffen russische Schlachtflieger ein. Jetzt zeigte sich schon in aller Deutlichkeit, mit welchen geringen eigenen Kräften gekämpft werden mußte. Dagegen konnte kaum ein Drittel der eigenen wirklichen Stärke an der Front zum Einsatz kommen. Das Regiment 139 traf gerade erst am Straßenendpunkt ein. Sumpf und Geröll der Tundra verzögerten auch den Marsch aller Geschütze. Immer noch feuerten nur zwei Gebirgsbatterien. Ihr Vorrat an Munition war auf 40 Granaten zusammengeschmolzen. Und die Angriffsbataillone warteten vergebens auf infanteristi-

sche Verstärkung. Zwar wurde der Division das II./137 (2. Gebirgsdivision) zugeführt, dieser Zuwachs mußte aber wiederum durch Abgabe eines eigenen Bataillons bezahlt werden, denn ein Korpsbefehl rief die Jäger des III./138 nach Norden. Sie wurden dringend bei Sapadnaja — Liza gebraucht, wo dem Feind Truppenlandungen in unbekannter Stärke von See her gelungen waren. Es galt nun vordringlich, die Nordflanke des Korps vor weiteren Überraschungen zu schützen.
Am frühen Morgen des 8. Juli meldete der Divisionskommandeur dem Korps, daß die Angriffstruppe überfordert sei und die erreichte Linie nur unter zunehmenden Opfern sich behaupten könne. Die eigenen Verluste waren hoch, sie wuchsen von Stunde zu Stunde.
General Dietl entschloß sich zur Aufgabe der Brückenkopffront. I. und II./138 erhielten den Befehl, am Westufer der Liza Stellung zu beziehen. Am Nachmittag war der Uferwechsel vollzogen, alle Verwundeten wurden mitgeführt.
Störungsfeuer russischer Batterien und Schlachtfliegerangriffe kennzeichneten die folgenden Tage. Sonst herrschte Ruhe. Während dieser Kampfpause wurden Pläne für die Fortsetzung des Angriffs entworfen. Immer mehr wurde klar, daß es sich aus Kräfte- und Geländegründen nicht mehr um weitläufige Operationen handeln konnte, da die Wildnis zwischen Finnland und Murmansk jede Überlegung in eine solche nicht zuließ. Nur eine sorgsam vorbereitete Expedition mit begrenztem Ziel hatte noch Erfolgsaussichten.
Der neue Angriffsbefehl des Korps verlegte den Schwerpunkt zur 2. Gebirgsdivision. Dort wurden drei Stoßgruppen gebildet, die zunächst bis 13. und 14. Juli folgende Ausgangspositionen zu gewinnen hatten:
Gebirgsjägerregiment 136: Punkt 322
Gebirgsjägerregiment 137: Raum hart westlich »Langer See«
Gebirgsjägerregiment 139 (ohne II. Bataillon): Westende »Langer See«.
Im Zuge des weiteren Angriffs der 2. Gebirgsdivision sollte aus diesen Bereitstellungsräumen die Linie 155,1 — 183,6 — Höhen nordwestlich davon erreicht werden. Erst dann wurde im Abschnitt der 3. Gebirgsdivision ein erneuter Sturm auf die aufgegebenen »Pranckh«- und »Brandl-Höhen« geplant, um von dort auf die Seenenge sieben Kilometer südlich der Liza-Brücke hinabzustoßen.
Die Sturmtruppen der linken Nachbardivision mußten schon beim Vorgehen in ihre Bereitstellungsräume heftige Kämpfe bestehen. Ein zähes, beiderseits verlustreiches Ringen um jeden Meter Boden setzte ein. Dennoch stieß das Regiment 139 am Abend des 15. Juli zu den Höhen nordwestlich des »Langen Sees« vor. Sein Kampf um diese Felskuppen und in den dschungelartig bewaldeten Talsenken war aber so aufreibend, daß der Regimentskommandeur sich außerstande sah, mit den erschöpften Kompanien von neuem anzutreten. Die beiden anderen Stoßgruppen konnten schon die Bereitstellungsräume mit den vorhandenen Kräften nicht erreichen.
Es ging beim besten Willen nicht weiter vorwärts.
Daraufhin wurde der Angriff vom Korps abermals abgebrochen. Erneute Truppenlandungen im Rücken des Korps waren mitbestimmend, die weitere Initiative der 2. Gebirgsdivision sofort zu stoppen.
In der Nacht zum 16. Juli setzte sich das Regiment 137 auf den Höhenkranz um Punkt 314,9 ab. Das Regiment 139 hatte tags darauf schwere Angriffe aus südostwärtiger Richtung zu bestehen, wurde gleichfalls zurückgenommen, ging zunächst zwischen Liza und Punkt 258,0 zur Verteidigung über und wurde dort von

Teilen des Regiments 136 der 2. Gebirgsdivision abgelöst. Die Verluste des Regiments 139, das am 20. Juni wieder im Divisionsabschnitt eintraf, waren außerordentlich schwer.
Hier war inzwischen eine Sicherungsfront am Westufer der Liza entstanden. Um dem Feind nicht restlos die Initiative zu überlassen, wurde er von kampfstarken Stoßtrupps beunruhigt. Die offene Südflanke bot dazu die besten Möglichkeiten.
— Nicht vergessen werden sollen die Taten eines abgestellten Bataillons. Das III./138, zunächst Korpsreserve, dann Vorausbataillon beim Regiment 138, überschritt am 13. Juni die Liza zum Vorstoß auf die Seenenge zwischen »Herz«- und »Langen See«, nahm das Höhengelände Punkt 263 - 314 und schlug in der Folgezeit 21 Russenangriffe ab. Am 18. Juni wurde es dem Regiment 139 unterstellt. In der Nacht zum 22. Juli war die Division erstmalig wieder vereint. Nur das Gebirgs-Radfahrbataillon 68 kämpfte noch außerhalb des Divisionsverbandes beim Regiment 136 zwischen Liza-Fjord und Titowka-Bucht, besonders heftig vom 29. Juli bis 2. August, und verblieb dort zur Sicherung des Nordraumes.
Einige kurze Anmerkungen über den Feind: Der Gegner war anspruchslos, zäh und kämpfte verbissen. Ausgezeichnet waren seine Scharfschützen, die sich tagelang versteckt, nur mit einem Sandsack voll Zucker, einem Stückchen Speck, aber hunderten von Patronen, überall im Gelände einnisteten. Der Angriffsgeist der Russen war auch bei hartnäckigstem Abwehrfeuer und stärkster Geländeschwierigkeiten über Bäche, Flüsse und selbst durch flache Seen hindurch aufopferungsbereit. Die Artillerie war gut, die Granatwerfer, die hinter jede Deckung faßten, zahlreich, gefährlich und verlustbringend.
In den folgenden Wochen blieb die Divisionsfront mit Ausnahme des üblichen Störungsfeuers und häufiger Spähtruppunternehmen gegen unsere offene Südflanke ruhig. Da die Sowjets aber heftige Angriffe gegen den Brückenkopf der 2. Gebirgsdivision ostwärts der Liza führten und an der Liza-Bucht neue Truppen von See her an Land setzten, mußten Teile der Division dort mehrfach eingreifen. Abermals begannen neue Angriffsvorbereitungen. Vom Straßenendpunkt nach Süden wurde ein zwölf Kilometer langer Karrenweg bis in die Gegend des Nosh-Järvi-See gebaut. Dann traf das Infanterieregiment 388 aus Südnorwegen zur Verstärkung ein. Es kam gerade rechtzeitig, um die eigenen Bataillone an der Liza abzulösen und für neue Aufgaben freizumachen. Im Zuge der weiteren Vorbereitungen wurden auch die im Abschnitt Liza-Brücke-Wasserfall eingesetzten Teile des Regiments 139 herausgelöst. Diesmal sollte das Gebirgskorps Norwegen nach Zuführung neuer Kräfte durch einen großangelegten Zangenangriff mit dem Nordflügel (2. Gebirgsdivision) und Südflügel (3. Gebirgsdivision, dort Schwerpunkt) die gesamte feindliche Stellungsfront zum Einsturz bringen und der Feind nach Vereinigung beider Divisionen vernichtet werden.
Dazu sollte die verstärkte 2. Gebirgsdivision ostwärts der Seenkette nördlich »Langer See« nach Südosten angreifen und mit Masse bis Höhe 322 durchstoßen. Der bisherige Brückenkopf wurde durch das MG-Bataillon 4 gehalten.
Die durch Infanterieregiment 388 verstärkte 3. Gebirgsdivision hatte sich auf dem Westufer der Liza zwischen Nosh-Järvi See und Liza-Brücke zum Angriff über die Liza bereitzustellen und sollte mit Schwerpunkt am Südflügel zum »Neuen Weg« durchstoßen.
Es war bereits Herbst geworden. Die Nacht zum 8. September war dunkel und kalt. Gegen 3.00 Uhr morgens wich die Finsternis einem düsteren Regengrau. Die

Stunde des letzten großen Sturmangriffs im Hohen Norden war angebrochen. Während aus Gründen der Überraschung für die südliche Angriffsgruppe (verst. Regiment 138) auf ein Vorbereitungsfeuer der Artillerie verzichtet wurde, setzte ein mächtiger Feuerschlag für den voraus angesetzten Angriff einer Kompanie des II./139 und der 3./Gebirgspionierbataillon 83 ein. Er überraschte den aufgeschreckten Gegner. 200 Jäger und Pioniere überschritten als erste die Liza. Sie stürmten feindliche Bunker und bildeten einen Brückenkopf für das nachrückende Bataillon. Südlich davon hatte eine verstärkte Jägerkompanie des III./138 über den Fluß gesetzt. Es war 3.00 Uhr morgens. Wenig später hatten alle Kompanien des II./139 und I./138 den Uferwechsel vollzogen. Sie gerieten mit schwachen, russischen Kräften ins Gefecht. Der Angriff schritt zunächst gut voran. Noch bevor es heller Tag wurde, brach das II./139 in die Drahthindernisse und Unterstände der russischen Höhenstellung 1,5 Kilometer ostwärts der Übersetzstelle ein. Nun standen schon zwei weitere Bataillone des Regiments 138 jenseits des Flusses. Gegen Mittag setzten feindliche Gegenangriffe von Norden, Osten, Süden und Südwesten ein. An einigen Stellen kam es zu heftigen Nahkämpfen. Ein klares Bild der Lage der vier Sturmbataillone war bis zum Abend nicht zu gewinnen. Jäger, Pioniere und Gebirgsartilleristen ballten sich unter dem Befehl der Bataillonskommandeure zu Kampfgruppen zusammen, die weitgehend selbständig handelten.

Am Nordflügel der Division war das unterstellte Infanterieregiment 388 um 9.00 Uhr früh zum Angriff auf die »Prankh«- und »Brandl Höhe« angetreten.

Drei Stunden darauf waren beide Bergrücken erstürmt. Doch unmittelbar nach dieser Erfolgsmeldung trafen schlechte Nachrichten ein: die Verbände waren vermischt. Es wurde nur noch in einzelnen Gruppen gekämpft, die Igel gebildet hatten. Beobachtetes Artilleriefeuer war wegen Nebel nicht mehr möglich. Das Regiment hatte kaum noch die Hälfte seines Bestandes. Unter dem Eindruck dieser düsteren Lageberichte wurde die Zurücknahme des Regiments in seine alte Stellung befohlen. — Im Südabschnitt verteidigte das II./139 den erreichten »Tafelberg«, während I. und II./138 südlich des Knyrk-Järvi-Jubol Sees mehrere Kilometer vorangekommen waren, und das III./138 die rechte offene Divisionsflanke schützte.

Tags darauf stellte sich das verstärkte Regiment 138 zum weiteren Angriff bereit. Tagesziel war die Enge zwischen Knyrk-Järvi See und Knyrk-Järvi-Jubol See. Während das II./139 am linken Flügel in Minenfelder geriet und nicht weiter kam, gewann der Angriff des I. und II./138 gegen zähen Feindwiderstand weiter Boden. Im Laufe des Vormittags war der Höhenrücken hart westlich der Seenenge erreicht, von den Jägern »Große Lorch-Höhe« genannt. Dort bezog das II./138 Verteidigungsstellung. Eigene Sturzkampfflieger griffen ein. Ihre Ziele waren russische Verstärkungstruppen auf der von Murmansk heranführenden Straße. Doch diese Hilfe aus der Luft brachte nur kurze Zeit Entlastung. Am Abend des 9. September wurde das III./388 zur Verstärkung der Südflanke herbeibefohlen.

Nun folgten Tage erbitterter Abwehrkämpfe für die verstärkte Regimentsgruppe. Der Feind sickerte von Süden in das Gebiet zwischen den Übersetzstellen und den Gefechtsständen der Angriffsbataillone ein. Durch eine Reihe verwegener Unternehmen versuchte er die eigenen Geschützstellungen der Gebirgsbatterien zu nehmen, den Gefechtsstand des Regiments 138 auszuheben und die Versorgung der Sturmtruppen an der Seenenge durch Überfälle auf Tragtierkolonnen zu unterbinden. Alle diese Versuche scheiterten und vorn an der Seenenge konnte das gewonnene Gelände gehalten werden. Tag und Nacht drangen russische Truppen gegen die Höhenstellungen vor, bei völliger Dunkelheit waren ihre Angriffe am schwersten.

Am 14. September traten die Jäger zum Sturm über die Murmansk-Straße an. Feuerschläge der Artillerie und Sturzkampfbomber erleichterten ihnen die ersten Minuten. Eine Stunde später hatte das I./138 die Straße erreicht. Hart nördlich der Seenenge gabelte sich der Weg. Dort stieß das Bataillon auf starke, durch Erdbunker befestigte Stellungen der Sowjets. Ein erbitterter Kampf entbrannte.

Auch die drei übrigen Bataillone der Regimentsgruppe erreichten ihre Tagesziele. Das II./138 sperrte jetzt die Seenenge mit Front nach Süden. Das III./138 hatte die »Kleeblatt-Höhe« gestürmt und dabei fünf russische Infanteriegeschütze erbeutet. Und den Jägern des II./139 gelang es an diesem Tag noch, die zäh verteidigte Höhe 160 in Besitz zu nehmen und gegen alle Angriffe zu halten.

Tags darauf wurden die Sowjets im weiteren Vorstoß bis hinter den »Fischmaul See« zurückgetrieben. Gleichzeitig traten Teile des II./139 gegen feindliche Truppen in der Südflanke an. Mit dem Fortschreiten des Angriffs an der Murmansk-Straße war der Raum zwischen Liza und Seenenge auch im Hinterland zum harten Kampfgebiet geworden. Nachrichtenpersonal und Gefechtstrosse der Jägerkompanien, die Artilleriestellungen und alle Pionierkompanien waren in blutige Buschkämpfe verstrickt.

Die Verluste des Feindes waren zwar höher als die eigenen, doch seine Kraft war nicht gebrochen. Da eine Versorgung der Angriffsbataillone infolge Flankenbedrohung und Geländeschwierigkeiten nicht sicher schien, mußte auf einen weiteren Vorstoß jenseits der Murmansk-Straße nach Nordosten verzichtet werden. Nun sollte entlang der Russenstraße nach Norden angegriffen werden, um wenigstens die »Prankh«- und »Brandl-Höhe« nun von rückwärts zu nehmen.

Die Truppe wußte noch nicht, daß sich die höhere Führung in jenen Tagen dazu durchrang, auf Murmansk als operatives Ziel zu verzichten und künftig an der Liza-Front zur Verteidigung überzugehen.

Der 16. September war nach langer Zeit ein verhältnismäßig ruhiger Tag. Er verging unter Vorbereitungen für die Endphase des Angriffs. Zum dritten Mal galt der Kampf jenen zwei Felskuppen, die bald für immer weit feindwärts einer neuen HKL liegen sollten. Am frühen Morgen des 17. September wurden beide Höhen durch nur je eine Kompanie genommen und das heißumkämpfte Höhengelände gehalten, bis der Erfolg gesichert war.

In den folgenden Tagen regnete und stürmte es. Die Nächte waren schon eiskalt. Und der Feind drückte mit äußerster Kraft gegen die im Norden und Süden zangenartig vorgetriebene Front des Gebirgskorps Norwegen. Die beiden Zangenarme hatten sich jedoch nicht schließen können. Die dünne Sicherungslinie in der Südflanke mit ihrem zehn Kilometer breiten Tundra-Abschnitt war wieder gerissen. Das Regiment 138 sperrte noch immer zwischen »Lorch-Höhe« und »Fischmaul-See« die Murmansk-Straße. Am weitesten vorgestaffelt lag das III./138. Die Front des Regiments 139 schwang sodann in nordwestlicher Richtung auf »Prankh«- und »Brandl-Höhe« zurück, die aufs Neue zu Brennpunkten im Divisionsabschnitt wurden. Von den dort kämpfenden Männern fiel jeder dritte durch Tod oder Verwundung aus. Der weit vorgestoßene Angriffskeil befand sich in einer üblen Lage.

In der Nacht zum 23. September fiel der erste Schnee. Ein eisiger Polarsturm trieb ihn vor sich her. Der arktische Winter war angebrochen. 24 Stunden später lösten sich die Regimenter 138 und 139 vom Feind. Besonders schwierig war die Zurücknahme des Regiments 138. Es mußte sich seinen Weg in die Aufnahmestellungen am Lizasteg durch Sümpfe, Felsklippen und eine Vielzahl russischer Hinterhalte bahnen, die Strapazen jener Nacht spotteten jeder Beschreibung. Im Morgengrauen des 24. September überschritt das Regiment die Liza, nachdem es noch in der Nacht mehrfach vorgedrungene, feindliche Stoßgruppen in seinem Rücken abwehren mußte. Nachhuten blieben am Feind, bis die in der rechten Flanke stehenden Teile ebenfalls über den Schicksalsfluß gingen und dann die Brücke und Stege gesprengt wurden.

Erst in der Nacht vom 25. September lösten sich die letzten Teile der Division, das III./139 von »Prankh« und »Brandl-Höhen« unter einem Sperrfeuerriegel der eigenen Artillerie.

Nunmehr war endlich die frisch herangeführte 6. Gebirgsdivision an der Front eingetroffen. Die Befehlsübergabe an das ablösende Gebirgsjägerregiment 141 erfolgte am 25. Oktober mittags. Das Regiment 139 und Teile des Gebirgsartillerieregiments 112 blieben noch weiter in Stellungen westlich der Liza, das Regiment 138 nunmehr in der Südflanke. Das Infanterieregiment 388 wurde herausgelöst und am »Fischerhals«, das Radfahrbataillon 68 in dem Raum zwischen Liza- und Titowka-Bucht eingesetzt, um nun unter der Befehlsführung der 6. Gebirgsdivision die neuen Stellungen an der Liza und am Hals der Fischerhalbinsel im kommenden arktischen Winter zu halten.

Bis Mitte Oktober wurde die Division vollständig zu neuer Verwendung abgelöst. Aber auch dieser endgültige Abschied vom Hohen Norden und der Tundra forderte von den abgekämpften, schwer mitgenommenen Männern der Division noch einen letzten Tribut — sie mußten noch 690 Kilometer auf der Eismeerstraße den weiten Weg durch Lappland, meist in Zelten im Schnee und Wald biwakierend, marschieren, ehe sie in Vaasa nach Deutschland zur Neuaufstellung eingeschifft wurden.

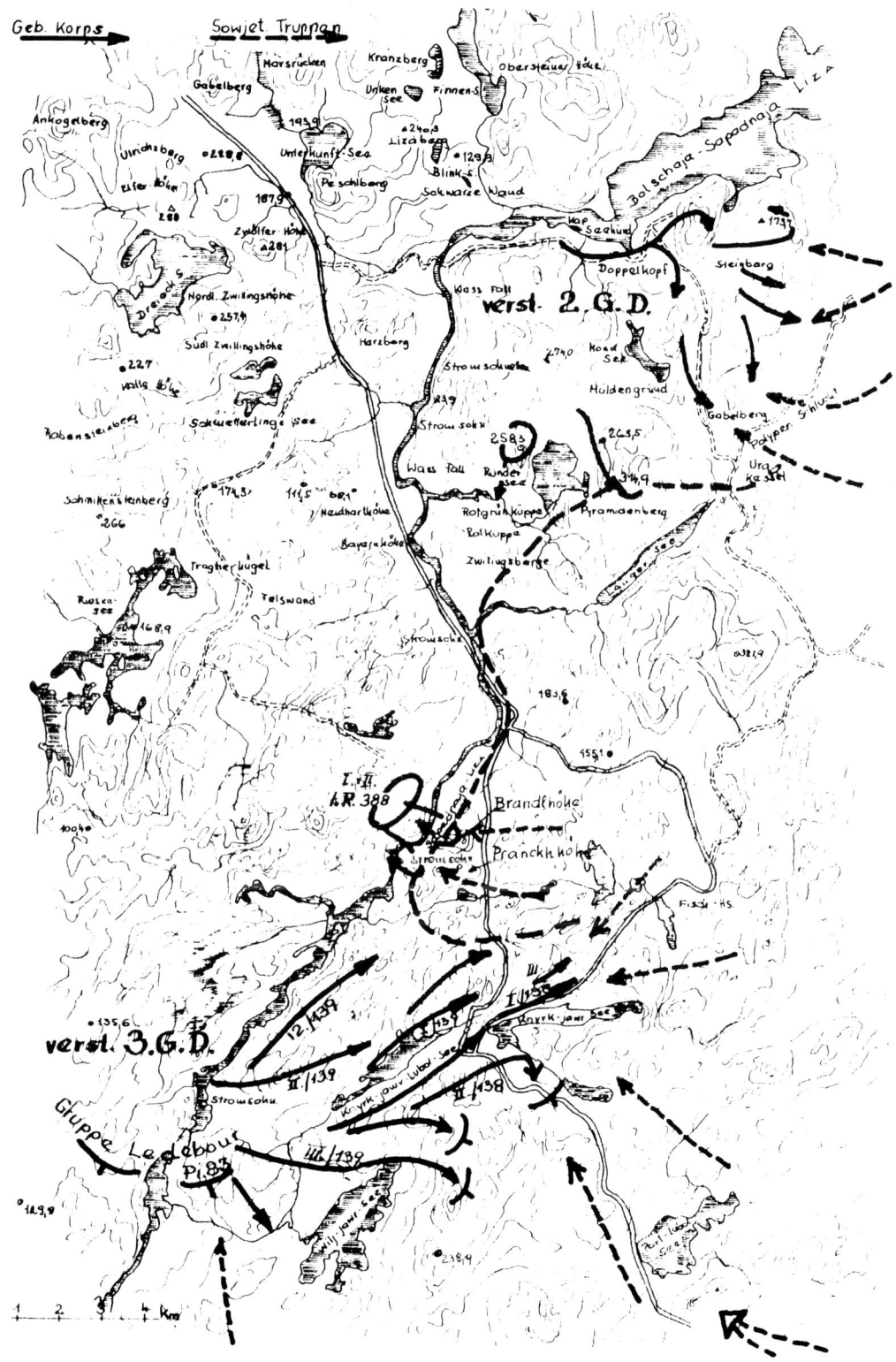

Der Septemberangriff 1941 der 2. und 3. Gebirgsdivision

Einzelberichte
Tagebuchaufzeichnungen des ehem. Gefreiten und Gebirgsartilleristen Krainer

21. Juni: Zusammenpacken für Abmarsch. So hätte ich mir meinen 24. Geburtstag auch nicht vorgestellt. Lager Neiden um 24.00 Uhr verlassen. Rucksäcke sind schwer zu tragen. Es regnet. Alles ist gespannt auf die nächsten Meldungen und Befehle. Biwak. 6.00 Uhr abends, der Marsch geht zügig weiter. Es regnet noch immer. 26 Km.
22. Juni, Sonntag: 0.30 Uhr Abmarsch bis Kirkenes. 13.00 Uhr finnische Grenze überschritten. Biwak. Wieder marschieren. Todmüde. Um 1.30 Uhr zur Ruhe gekommen. Es regnet wieder. 72 Km.
23. Juni: Es regnet, 8.00 Uhr Abmarsch. Immer noch durch Finnland nach Luostari. 47 Km.
24. Juni: 6.00 Uhr früh angekommen, alles getarnt. Der Russe begrüßt uns mit einer Bomberstaffel. Dauernd Fliegerdeckung. Ein russischer Bomber brennend abgeschossen.
25. Juni: Fliegertätigkeit. Eine russische Staffel bombardiert einen Flugplatz in der Nähe. Beschießung im Tiefanflug. Eigene Jagdmaschinen bewachen uns.
26. Juni: Abmarsch in die Bereitstellung. Sehr schlechtes Gelände, alles Sumpf. Nur ein russischer Aufklärer ist zu sehen, sonst ziemlich ruhiger Tag. Biwak. Ziemlich kalt. 17 Km.
27. Juni: Bereitstellung wird wieder vorverlegt. Alles Sumpfgebiet, schweres Vorwärtskommen. Russische Maschinen fliegen an, rege Lufttätigkeit. Wildes Gelände, im Sumpf marschiert, sehr kalt. 16 bis 20 Km.
28. Juni: Ruhiger Morgen. Warmer Sonnenschein. Mittags bombardieren elf Stukas den uns naheliegenden Flugplatz der Russen. 13.00 Uhr bombardieren sechs russische Doppeldecker unseren Feldflugplatz. Am Nachmittag fliegen 32 Stukas an und bombardieren die russischen Stellungen, die Russen bomben bei uns. Geschütze feuerbereit in Stellung. Um 22.00 Uhr beginnt schweres russisches Artilleriefeuer. Zweimal Stellungswechsel nach vorn.
29. Juni: 2.00 Uhr morgens 3. Feuerstellung bezogen. Feind schießt unermüdlich weiter. 8.00 Uhr über einen Fluß gesetzt. 15.00 Uhr fliegen 26 Stukas gegen den Feind, die russische Artillerie schweigt. Feindliches Verpflegungslager erbeutet. Lufttätigkeit.
30. Juni: Schöner Tag. Prima gegessen von den erbeuteten Sachen. 15.00 Uhr Abmarsch aus der Stellung. Vormarsch Richtung Murmansk. Bach überquert, sehr kalt.
1. Juli: 2.00 Uhr früh durch einen Bach, bis zu den Hüften tief im Wasser. 7.00 Uhr früh bei einer Bunkerlinie, alles zerstört. Dreimal Tieffliegerangriffe. Viele Verwundete.
2. Juli: Noch in der gleichen Stellung. Ruhiger Tag, kein russischer Flieger zu sehen. Fast nichts zu essen.
3. Juli: Unruhiges Leben. Russische Flieger besuchen uns wieder fleißig. Gefangene werden eingebracht. Sanitätsflugzeug kommt, um Schwerverwundete abzuholen.

4. Juli: Rege Fliegertätigkeit beiderseits. Die Russen graben sich eifrig ein und leisten zähen Widerstand. Eine große Kolonne Gefangener kommt vorbei. Beim Arzt wegen Nierenschmerzen, Behandlung Nebensache. 20.00 Uhr Verlegung nach vorn zur Angriffsunterstützung.
5. Juli: Ganze Nacht marschiert bis 12.00 Uhr mittags. Einige Fliegerangriffe. Schönes Wetter, aber schandbares Sumpfgelände. Wir erleben blaue Wunder mit unseren Karetten. Der Feind geht zurück, beschießt uns aber aus allen Rohren. Dauernde Fliegertätigkeit. Am Abend kommen zwölf russische Maschinen und »benageln« uns, drei davon abgeschossen.
6. Juli: Ganze Nacht durchmarschiert, aus ständigem Schlafmangel ganz kaputt. Unsere schwere 15er Artillerie schießt wie verrückt. 5.00 Uhr Feuerstellung bezogen. Um 17.00 Uhr feuern alle unsere Geschütze. Stellungswechsel nach vorn, 1 Km vor den Feind.
7. Juli: Der Kampf dauert an. Der Feind liegt dicht am Fluß (Liza) und schießt aus allen Rohren. Mittags kommen viele Verwundete von vorn. Ganz grausam geht es zu. Wo bleiben unsere Flieger? Um 20.00 Uhr vom Munitionsholen zurück.
8. Juli: 5.00 Uhr früh in die Stellung zurückgekommen, zwei Stunden Schlaf. Ein komischer Tag, auf beiden Seiten herrscht Ruhe, nur einige Flieger kommen. Von der Lisa daheim ein Packl erhalten, Freudentag!
9. Juli: Die ganze Nacht Munition vorgeholt. Um 6.00 Uhr früh feindlicher Tieffliegerangriff mit neun Bombern und drei Jägern. Unsere Stukas bombardieren die russischen Stellungen, wildes Flakfeuer. Die Tragtierstellung wird vorverlegt. 15.00 Uhr wieder heftiges Feindfeuer mit starker Splitterwirkung im Gestein.
10. Juli: Heftiger Kampf, viele Verwundete. Es summt ringsum wie in einem Bienenstock vor lauter Granatsplittern. Feindmaschinen »benageln« uns dauernd. Eine Karte nach Hause geschrieben.
11. Juli: Um 0.30 Uhr vom Verpflegungsempfang zurück. Feind schießt Sperrfeuer. Stukas bombardieren die russischen Stellungen. Feind ist gut verschanzt. Wieder Verwundete.
12. Juli: Die Russen schießen wie die Wilden. Schlafen ist schon Luxus geworden. Bin total kaputt und fertig. Wieder Munitionstransport. Um 22.00 Uhr greifen russische Bomber an. Unglaubliches Glück gehabt, jedoch in der Batterie gibt es Verwundete und Tote. Feind schießt zusätzlich noch von See her mit Schiffsgeschützen von einem Zerstörer.
13. Juli: Es regnet stark und wir müssen viel aushalten in unseren Löchern. Der Feind läßt uns keine Ruhe.
14. Juli: Müde, hungrig, Kälte und Regen, alles paßt zusammen. Noch dazu gibt der Feind keine Ruhe und schießt mit Schrapnells, daß die Splitter nur so umhersausen.
15. Juli: Es schlägt drei Meter neben unserem windigen Bunker ein, Glück muß man haben. Unsere Jäger greifen wieder an, kommen aber nicht vorwärts. Der Russe ist ein zäher Kämpfer.
16. Juli: Die erste Nacht ruhig geschlafen. Ziemlich starke Fliegertätigkeit. Verpflegung holen. Der Feind bombardiert unseren Nachschub. Starkes Artilleriefeuer auf unsere Stellung. Es fängt an, schön zu werden.
17. Juli: Der Russe versucht, über die Liza zu setzen. Wetter wird schön.
18. Juli: Der Feind versucht, an unserem linken Flügel durchzubrechen. Unter großen Verlusten wird er mit knapper Mühe aufgehalten. Starke Fliegertätigkeit...

(Anmerkung: Diese kurzen Tagebuchaufzeichnungen lassen erkennen, wie es bei der leichten 7,5 cm Gebirgsartillerie aussah, die sich immerhin noch einige Kilometer hinter der vordersten Front befand. Von der Feuertätigkeit der Geschütze hat der Gefreite, da wohl für ihn selbstverständlich, nichts eingetragen.)

Aus dem Tagebuch des ehem. katholischen Wehrmachtoberpfarrers Maurer

So mußte ich die helle Nacht (9. Juli) stundenlang allein durch die Gegend irren, bis mich endlich ein Lkw aufnahm und in hindernisreicher Fahrt morgens an der Titowka-Brücke absetzte.
Aus kurzem Schlaf in einem Zelt der Gebirgsnachtenabteilung 68 wurde ich durch einen schweren Bombenangriff gerissen. Dann machte ich mich mit Oberleutnant Weise im Kübelwagen auf eine Erkundungsfahrt zu den Kampftruppen unserer 3. Gebirgsdivision auf. Vorbei an zerstörtem und im unbefahrbaren Gelände verlassenen sowjetischen Kriegsmaterial, zahlreichen Toten und Pferdekadavern ging es in wechselndem Tempo über begonnene Baustellen und wildes Gelände mühsam vor- und aufwärts. Das Baubataillon 405 im Verein mit RAD (Reichsarbeitsdienst) und Finnen versuchte in rastloser Arbeit, der Wildnis einen Nachschubweg abzuringen. In Reihen arbeiteten sich die Truppen und Nachschubkolonnen auf halben Berghöhen vorwärts und rückwärts durch das nackte Geröll. Bespannte Fahrzeuge wie Lkw bemühten sich, aneinander vorbeizukommen. Das Feldlazarett 68 mußte vor den ständigen, das Rote Kreuz nicht achtenden feindlichen Fliegerangriffen sich eben zum Titowka-Tal zurückziehen. — Bei der dritten vermoorten Strecke mußten wir den steckengebliebenen Kübelwagen zurücklassen und zu Fuß durch Morast, Geröll und Wasser nach vorwärts trachten. Hier traf ich General Dietl, der persönlich überall zum höchsten Arbeitseinsatz anfeuerte, da von der Fertigstellung dieses einzigen Nachschubweges bis zum russischen Straßenanschluß nicht nur die Erreichung des Zieles Murmansk, sondern überhaupt die Existenz der Division abhängen würde. Nach weiteren Marschstunden, vorbei an zerstrümmerten russischen Widerstandsnestern, gelangten wir endlich an die Liza und an die russische Uferstraße. Hier mehrten sich nicht nur die Toten und Pferdekadaver, sondern auch unsere eigenen, zurückgehenden Verwundeten. Im Gespräch mit diesen verlor ich Oberleutnant Weise. Die unsicheren Angaben der mir zufällig Begegnenden waren zunächst meine einzige Orientierung auf der Suche nach dem I. und II. Bataillon/138. Aus dem Ufergebüsch stieg Major Fuschelberger an der Spitze einer durchnäßten Truppe von etwa 120 Mann seines jenseits der Liza zersprengten Bataillons und fragte mich nach dem Sammelplatz des Gebirgsjägerregiment 137. — Bald nachher wurde ich von einer die Straße sperrender Pak der Gebirgspanzerjägerabteilung 48 in Deckung gerufen, da am anderen Ufer bereits Russen lägen. Zur Überraschung erfuhr ich, daß die Russenbrücke nicht mehr existierte und die gesuchten Bataillone zurückgenommen werden mußten. Nun wollte ich zum Divisions-

gefechtsstand und schloß mich einer Tragtierkolonne durch Gebüsch auf einem Umleitungspfad an. Während einer kurzen Rast auf einer Höhe konnten sich weder ein erkundender Feldwebel noch ich mir trotz genauester Fernglasbeobachtung über den Verlauf der Frontlinien Klarheit verschaffen. Ich ging mit einer Pferdestaffel weiter und kam mit ihr zur schießenden 4. Batterie des Gebirgsartillerieregiments 111 an einen Rundsee. Von hier aus kam ich mit einer Streife gegen 22.00 Uhr zum II. Bataillon/137. Oberstleutnant Kräutler und seine Offiziere staunten, daß ich hier die 3. Gebirgsdivision finden wollte und konnten mir keine zweckdienlichen Hinweise geben. Auf gut Glück folgte ich auf einem Fußpfad mit einem verirrten Kanonier des Gebirgsartillerieregiments 112 einer Pferdestaffel, wobei wir zur feuernden 1. Batterie/111 gelangten, und dann einen See entlang und einen Berg hoch. Auf der freien Hochfläche verloren wir im Mitternachtsdämmern den Pfad und gerieten in schweres feindliches Artilleriefeuer, das sichtlich der Vernichtung der unter uns im Birkengestrüpp längs des Seerandes in Stellung befindlichen und abwechselnd feuernden Batterien des Artillerieregiments 111 galt. Wir mußten in einer Felsspalte drei Stunden lang vor den Sprengstücken der ringsum einschlagenden Granaten und vor den Bordwaffen der in rollenden Angriffen den Kessel und seine Ränder abstreuenden russischen Rata-Ketten Schutz suchen.

10. Juli: In einer Feuerpause gegen 3.00 Uhr sprangen wir zum See hinab zur Pferdestaffel, die inzwischen arge Verluste an Toten und Verwundeten von Menschen und Tieren erlitten hatte. Nach neuerlichen Luftangriffen von Ratas und Martinbombern machten wir uns wegen einsetzenden Regens wieder auf die Wegsuche durch die eben ihre Feuerstellung wechselnde 1. Batterie/111 und gelangten nach stundenlangem einsamen Herumirren in der unübersichtlichen Wildnis, da kleine Seen und Moore immer wieder zum Ändern der Richtung zwangen, endlich wieder zu den Männern der 4. Batterie/111, die uns dann den Pfad einer Pferdestaffel der 3. Gebirgsdivision zeigen konnten. Es ergab sich schließlich, daß wir mühsam über zehn Stunden im Kreis um ein Seensystem und Felsen auf- und abgewandert waren.

Wir schleppten uns noch zwei Stunden über schlammiges Geröll aufwärts, an Tragtierstaffeln vorbei, bis ich völlig durchnäßt und erkältet, erschöpft und hungrig beim Regimentsstab 138 eintraf. Außer warmem Kaffee und kaltem Essen konnte ich mir nur einige Decken im bodennassen Zelt zur kurzen Rast gönnen.

Nach einem russischen Artilleriefeuerüberfall konnte ich mich bei windiger Mittagssonne rasch trocknen und unter Führung von Oberleutnant Kunzmann den Weg zum Divisionsgefechtsstand und von dort mit einer Verwundeten-Trägerkolonne zum 1. Hilfs- und Verbandplatz gelangen. Hier fand ich bei ungefähr 100 meist Schwerverwundeten reiche und vielseitige Betätigung, und konnte trotz ständiger Bomben- und Bordwaffenangriffe russischer Flieger endlich einige Stunden in Decken gehüllt schlafen, nachdem um Mitternacht der erste Verwundetenabschub durch Träger organisiert war.

12. Juli: Das Schmerzgestöhne von der Felswand, wo acht Männer mit Kopfschüssen lagen, ließ mich nachsehen, mit dem Pfleger Wasser spenden und herabgerissene Verbände erneuern. Ein nächtlicher, russischer Übergangsversuch über die Liza löste Gefechtslärm, beiderseitigen schweren Artilleriebeschuß und Fliegertätigkeit aus, so daß die Verwundeten sehr unruhig wurden, da Granatsplitter durch die Zelte schlugen und schutzsuchende Tragtiere fast die Verwundetenzelte niedertraten. — Der ganze schöne, sonnige Tag stand von morgens früh bis spät in die Nacht hinein im Zeichen heißer Artillerieduelle und erbitterter russischer Fliegerangriffe mit Bombenwürfen und Tiefangriffen am laufenden Band.

Darunter litten die Verwundeten ungemein, sie verlangten dringendst, aus dem Hexenkessel wegzukommen. Ich betraute einen als Sanitätssoldaten dienenden Priester mit der geistlichen Betreuung der Sterbenden, traf mittags vor meinem Weitermarsch den Divisionskommandeur, Generalmajor Kreysing und seine Begleitung noch am Hilfsplatz, und strebte zunächst an Tragtierstaffeln und Kolonnen sowie Rastplätzen zum neu errichteten 2. Hilfsplatz der Gebirgssanitätskompanie 68. Ich lief viele Irr- und Umwege. Vor Durst, Hunger und Mattigkeit konnte ich mich kaum mehr weiterschleppen.

Unterwegs traf ich an geschützter Felswand zehn mit Pflegepersonal zurückgelassene Schwerverwundete, die von den 120 Hilfskrankenträgern des ersten Verwundeten-Rücktransportes wegen der fast unbezwingbaren Geländeschwierigkeiten und des weiten Weges bis zur ersten Verlademöglichkeit auf Raupenschleppern zunächst zurückgelassen werden mußten. Benötigte doch der erste Trägertransport fast zwanzig Stunden bei vier Mann für eine Verwundetentrage...

Gesamtverluste des Gebirgskorps Norwegen vom 29. Juni bis Mitte Oktober 1941

2610 Gefallene   (darunter 91 Offiziere)
 656 Vermißte   (darunter 15 Offiziere)
9229 Verwundete (darunter 262 Offiziere)

2. Gebirgsdivision vom 22. Juni bis 30. Oktober 1941:
1174 Gefallene
 182 Vermißte
4458 Verwundete

3. Gebirgsdivision vom 22. Juni bis Oktober 1941:
1017 Gefallene
 206 Vermißte
3245 Verwundete.
(Die Vermißten müssen fast durchwegs zu den Gefallenen gerechnet werden.)

Die Eismeerfront im Winter 1941/42
(6. und 2. Gebirgsdivision)

Die 6. Gebirgsdivision
(nach Unterlagen des Verfassers)

Vieles, was den nunmehr folgenden Einsatz der 6. Gebirgsdivision an der Eismeerfront betraf, kann als erst- und einmalig in der Kriegsgeschichte bezeichnet werden.
Die 6. Gebirgsdivision kam nicht etwa zur Verstärkung, sondern zur dringend notwendigen Ablösung der nach zwölfwöchigem Ringen restlos abgekämpften und schwer dezimierten 2. und 3. Gebirgsdivision. Schon der Antransport der 6. Gebirgsdivision war bezeichnend. Er lief zwar bereits im August 1941 aus dem fernen, sonnigen Griechenland an. Doch die 1. Transportgruppe, mit Schiff unterwegs nach Kirkenes, wurde bei Hammerfest von englischen Seestreitkräften angegriffen. Nur dadurch, daß sich deutsche Begleitschiffe opferten, gelangten die Transporter unbeschadet in die Fjorde. Nun mußte diese Gruppe von Alta und Porsanger aus rund 500 Kilometer zu Fuß auf der norwegischen Reichsstraße 50 anmarschieren. Die 2. Transportgruppe, ebenfalls per Schiff schon nach Tromsö unterwegs, wurde nun wegen der drohenden Gefahr zurückbeordert, durch die Ostsee nach Häfen im Bottnischen Meerbusen umgeleitet, erreichte mit der finnischen Bahn Rovaniemi und mußte von dort aus mit großen Teilen rund 600 Kilometer Fußmarsch auf der Eismeerstraße bis in den Versammlungsraum der Division südostwärts Kirkenes zurücklegen. Dort waren bereits in der Nacht vom 22./23. September die ersten 10 cm Schnee gefallen.
Wohl war infolge des plötzlich hereingebrochenen Winters an der Front eine gewisse Beruhigung eingetreten. Der ebenfalls durch die Sommer- und Herbstkämpfe stark angeschlagene und erschöpfte Gegner zeigte keinerlei Angriffsabsichten und ließ die 2. und 3. Gebirgsdivision in den bezogenen Abwehrstellungen der Eismeerfront unbehelligt. Doch da geschah im Hinterland ein folgenschweres Ereignis. Durch einen russischen Luftangriff am 28. September wurde die Petsamojokki-Brücke in den Fluß gerissen, das ganze Ufergelände rutschte ab, verschüttete das Flußbett auf 1,5 Kilometer Länge und staute den ganzen Petsamojokki an. Der Anmarsch der 6. Gebirgsdivision an die Front und die dortige Ablösung sowie die gesamte Versorgung waren zunächst in Frage gestellt, und nur durch Anspannung aller Kräfte konnte bis zum 8. Oktober die neue, 650 Meter lange, »Prinz Eugen«-Brücke erbaut werden. In endlosen Kolonnen vor und zurück setzte nun der gesamte Verkehr wieder ein. Da brach ein neues Unheil herein. Der Himmel war trüb, ein scharfer Nordwestwind pfiff und einsetzendes Schneetreiben verhieß nichts Gutes. Bis zum Abend wurde daraus ein die ganze Eismeerfront überziehender wilder Schneesturm, mit dem der Polarwinter seinen Einzug hielt. 50 Stunden lang dauerte das Toben unvermindert an, das abermals jegliche Bewegungen zum Erliegen brachte, obwohl zur Räumung der weithin verwehten Russenstraße alles mobilisiert wurde. Die Bilanz dieses Schneesturms bestand aber nicht nur aus einer erneuten Verzögerung der Ablösung, sondern auch aus

einer Anzahl von Erfrierungsopfern und erheblichen Ausfällen an Tieren. Unmittelbar und durch spätere Folgen gingen 1400 Pferde und Tragtiere ein, meist von der 6. Gebirgsdivision.

Dann gingen die Marschbewegungen weiter. Mühsam bahnten sich die langen Kolonnen durch Schnee und eisigen Wind ihren Weg frontwärts. Endlich konnten trotz aller großen Schwierigkeiten schon beim monatelangen Anmarsch zwischen dem 15. und 28. Oktober die gesamten Frontabschnitte der 2. und 3. Gebirgsdivision übernommen und deren Ablösungen durchgeführt werden.

Erstmals in der Kriegsgeschichte ging nun eine deutsche Gebirgsdivision in der Tundreneinöde in einen Polarwinter mit seiner unerbittlichen arktischen Natur voll Kälte, Schnee, Stürmen und scheinbar endlosen dunklen Nächten.

Die Division stand praktisch vor einem Nichts. Von vornherein mußte sie den gesamten Frontverlauf von bisher zwei Divisionen übernehmen. Gelände, Winter und auch der Feind waren noch völlig unbekannt. Stellungen waren kaum vorhanden, Unterkünfte fehlten, Winterbekleidung war noch nicht eingetroffen. Im Norden das von der sowjetischen Flotte beherrschte Eismeer, im Süden die freie, ungeschützte Tundra, dazwischen mit offenen Flanken der nach Osten vorgeschobene Liza-Brückenkopf und von Westen, von Parkkina herführend, eine einzige Nachschubstraße von 50 Kilometer Länge — das war die Lage, wie sie von der Division vorgefunden wurde.

Der Befehl des Gebirgskorps Norwegen lautete: Der Zugang zur Fischerhalbinsel ist zu halten und der bisher gewonnene Raum einschließlich des Petsamogebietes im Abschnitt des 69. Breitengrades bis zum Eismeer gegen feindliche Angriffsversuche und -einfälle zu sichern und verteidigen.

Um dieser Aufgabe gerecht zu werden, setzte die verstärkte 6. Gebirgsdivision im großen Frontbogen ein: Am Nordflügel am Hals der Fischerhalbinsel das unterstellte Grenadierregiment 388 und das MG-Bataillon 4, entlang der Küste zwischen Motowski- und Liza-Bucht das Radfahrbataillon 68 mit einzelnen Feldwachen, anschließend im Liza-Brückenkopf das Gebirgsjägerregiment 143 mit den Hauptkampfstützpunkten K 1 bis K 9, dann jenseits der Russenstraße bis zum »Riesen-See« das Gebirgsjägerregiment 141 und zur Deckung des Südflügels zurückgebogen noch die weit auseinandergezogenen Stützpunkte 1 bis 4. Die völlig offene, rechte Flanke nach Südwesten in die Tundra hinein sicherten Teile der 2. Gebirgsdivision mit zehn einzelnen Feldwachen, die sich tageweit entfernt voneinander befanden, etwa in der Linie der finnisch-russischen Grenze. Außerdem hatte die Division noch Schutz und Sicherung des eigenen Hinterlandes und der Nachschubstraße (Russenstraße) durchzuführen. Das Gebirgsartillerieregiment 118 stand mit Masse in Gegend »Herzberg«, wo sich auch der Divisionsgefechtsstand befand, um hier halbkreisförmig wirken zu können.

Bei diesem ausgedehnten Frontverlauf von etwa 35 Kilometern konnte infolge von Gelände- und Kräfteverhältnissen eine durchgehende Stellung (Hauptkampflinie) nicht in Frage kommen. Die Divisionsführung entwickelte daher eine besondere Abwehrtaktik. Sie bestand darin, daß in der vorderen Linie beherrschende Höhen und Kuppen zu Kampfstützpunkten mit Rundumverteidigung ausgebaut und nur mit schwachen Kräften besetzt wurden. Die Zwischenräume und Lücken wurden durch das Feuer der schweren Waffen und Artillerie sowie Hindernisse gesperrt und durch Spähtrupps überwacht. Dahinter befanden sich Stützpunkte mit Unterkünften für Ablösungen und Verstärkungen. Noch weiter rückwärts wurden größere Einheiten bis zu Bataillonsstärke als bewegliche Reserven für notwendige Gegenangriffe und eigene Unternehmungen bereitgehalten, um je nach Lage da und dort eingreifen zu können. Besonders sollte an den Flügeln und in den freien Flanken der Kampf durch winterbewegliche Teile aktiv geführt werden. Eine wichtige Bedeutung gewann auch die weitreichende Erdaufklärung durch Skispähtrupps, um möglichst frühzeitig über feindliche Absichten unterrichtet zu werden, da eine Luftaufklärung bei der langen Dunkelheit nahezu ausfiel. Diese Spähtrupps mußten sowohl im Niemandsland nach Süden, in das eigentliche Feindgebiet nach Osten wie auch in die fast ungeschützten Räume des eigenen Hinterlandes angesetzt werden, um folgenschweren Überraschungen vorzubeugen.

Neben der zu erwartenden Kampftätigkeit gewann eine überragende Bedeutung der Nachschub und mit ihm verbunden die einzige Straße hierfür, die ebenso vom Winter mit seinen starken Schneeverwehungen wie von durchgesickerten Feindtrupps bedroht wurde. Für die rund 25 000 Mann der verstärkten Division mit ihren unterstellten Einheiten und für 6000 Pferde und Tragtiere mußten täglich ca. 310 t Güter herangefördert werden. Allein für das Heranschaffen von Baumaterial für Unterkünfte und Stellungen waren insgesamt 8000 t Verladeraum notwendig. Nur durch rastlose Anspannung und fast ununterbrochenen Einsatz aller dafür zur Verfügung stehenden und freizumachenden Kräfte und höchste Verkehrsdisziplin war eine Bewältigung dieser Aufgaben möglich. Vom Erhalt der Straße und ihrer Benützung durch die Versorgungskolonnen hing das Schicksal der gesamten Division ab. Schwere Schneestürme legten den Verkehr oft für mehrere Tage gänzlich lahm. Dann mußten an der ganzen Strecke von Parkkina bis zum »Herzberg« mehrere tausend Mann aller Waffengattungen, darunter vor allem das Pionierbataillon 91, Panzerjägerabteilung 47, Aufklärungsabteilung 112 und die ganz jungen Männer mehrerer Arbeitsdienstabteilungen als Schneeschaufler eingesetzt werden, um die Straße wieder frei zu bekommen.

Der Divisionskommandeur, General Schörner, war sich wohl bewußt, welche Aufgabe er hatte übernehmen müssen. Mit seinem bald geflügelten Schlagwort »Arktis ist nicht«, mit unerbittlicher Strenge und allen möglichen Maßnahmen schuf er die Voraussetzungen für Bestehen und Kampf seiner Division in einem Polarwinter am Eismeer. Erst von seinen Männern verflucht und verdammt, erkannten diese doch allmählich dankbar seine Härte und rastlosen Bemühungen an (u.a. ließ er die beiden einzigen, damals in ganz Westeuropa vorhandenen großen Schneefräsen heranschaffen, eine Materialseilbahn von Parkkina aus errichten usw.), wenn nicht alles zusammenbrechen und in einem Chaos untergehen sollte. Denn hier, wo zunächst alles trostlos war, konnte nur bestehen, wer selbst hart, anspruchslos, anpassungsfähig und erfinderisch war.

Die Sonne war eines Tages ganz fort und blieb aus, heulend strich der Sturm über Felskuppen und Hänge und fegte sie leer. In den Tälern, Mulden und Senken wuchsen meterhohe Schneeverwehungen. Die strapazen- und entbehrungsreichen, kampferfüllten Wochen und Monate des langen Polarwinters begannen. Zunächst einmal ging es, und dies galt insbesondere für jeden Mann an der Front, um's reine Überleben. Mangel herrschte an allem, bis später nach und nach dieses und jenes herankam. Primitive Unterstände lehnten sich an Steinwände, unter Überhängen oder wurden in die Felsen gesprengt. Aus Birkenstangen, aufgetürmten Steinen und gefrorenen Erdziegeln, die Ritzen und Löcher mit

Moos verstopft, entstanden Wohnbunker. Windschützende Schneetunnels führten zu den Eingängen. Auch hohe finnische Spitzzelte und Rundzelte aus Sperrholz, deren Einzelteile vorn zusammengesetzt wurden und für etwa 20 Mann Platz boten, dienten als Unterkünfte. Auf den Erhebungen und Höhen wurden die Verteidigungsstellungen angelegt mit aufgeschichteten Steinen, Schneegräben, aus Eisblöcken gebauten Iglus, Schneemauern als Postenständen und tief in den Schnee gegrabenen Deckungslöchern. Bauholz war kostbar, denn die am nächsten befindlichen Waldgebiete befanden sich 200 Kilometer hinter der Front und das bereits zum Unterkunfts- und Stellungsbau vorgesehene Schnittholz mußte für den Neubau der »Prinz Eugen«-Brücke verwendet werden.

Im Inneren der Behausungen versuchte man sich so gut als möglich einzurichten. Anfängliche bitterste Not machte allenthalben erfinderisch. Aus leeren Marmeladekübeln, Wurfgranatenkästen und Spritttonnen entstanden die ersten Öfen, aus zusammengesteckten leeren Konservenbüchsen Ofenrohre, aus Flaschenböden oder mit Lebertran getränktem weißen Papier die ersten Fenster. In Ölsardinenbüchsen wurden Patronenhülsen ohne Boden, mit durchzogenem Gewehrreinigungsdocht, gestellt und die mit Öl oder Petroleum gefüllten Büchsen ergaben die ersten Lichtfunzeln. In den düsteren, feuchten Wohnbunkern ruhten die vom täglichen Einerlei der Arbeit, des Postenstehens, von Spähtrupp und Kampf übermüdeten Männer aus, aßen aus den Kochgeschirren die meist eiskalte und nicht selten gefrorene Verpflegung, lagen dichtgedrängt unter einem Berg von Decken und Mänteln und schliefen in voller Uniform, um bei Alarm sofort einsatzbereit zu sein. Nur die Bergschuhe hingen zum Trocknen um den rußigen Ofen. Brennholz war ebenfalls knapp, weitum wurde das ganze Birkengestrüpp abgeholzt, von dem am besten die Rinde brannte. Tische und Bänke waren anfangs Seltenheiten.
Mit der Bekleidung sah es gleichfalls übel aus. Die Männer besaßen erst nur die damals allgemein übliche Winterbekleidung des deutschen Heeres und diese bestand aus einem feldgrauen Tuchmantel, Windjacke, Kopfschützer und wollenen Handschuhen. Erst später wurden auch tarnende, weiße Schneemäntel, Anoraks, Pelzwesten und -mützen usw. herangebracht. Aber eines hatten sich die Gebirgsjäger nicht nehmen lassen: den vielen Höhen und Tälern und Seen gaben sie Namen, die sie — 4960 Kilometer davon entfernt — an die ferne Heimat erinnern sollten.

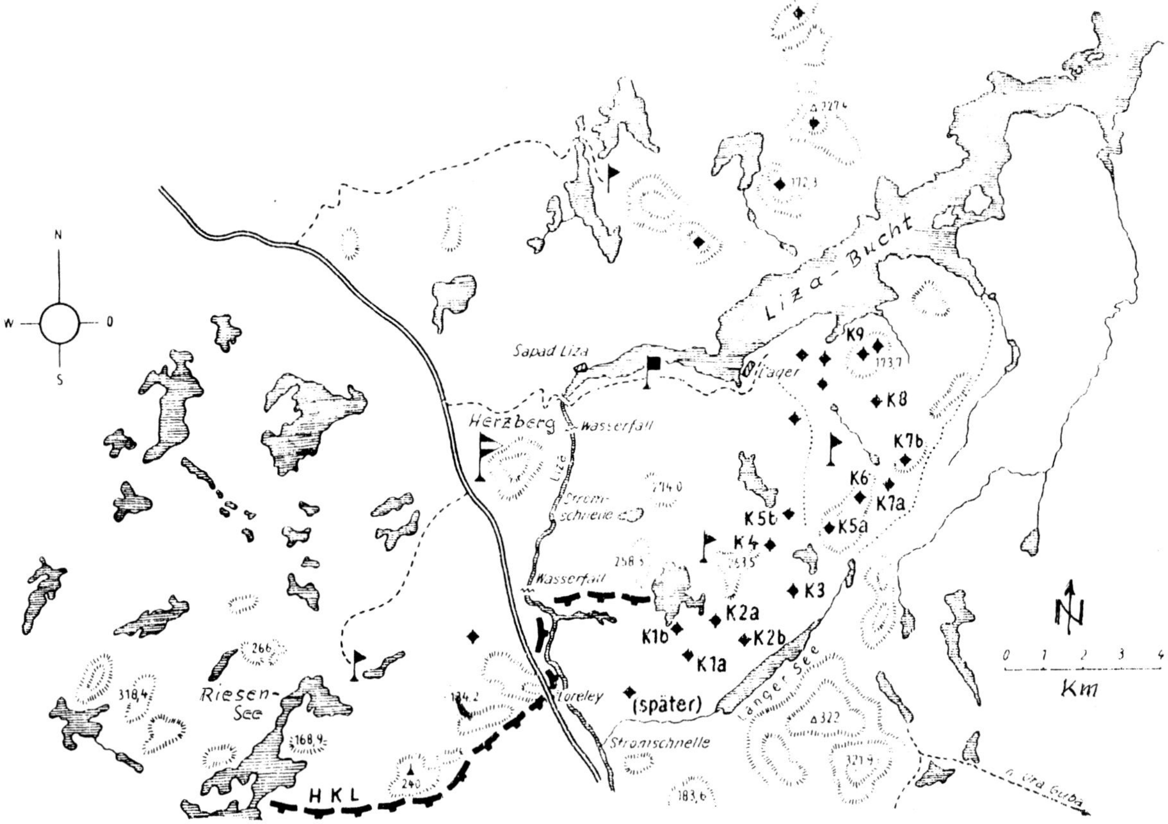

Winterfront 1941/42 der 6. Gebirgsdivision mit dem Liza-Brückenkopf
Die Stützpunktlinie in der offenen rechten Flanke

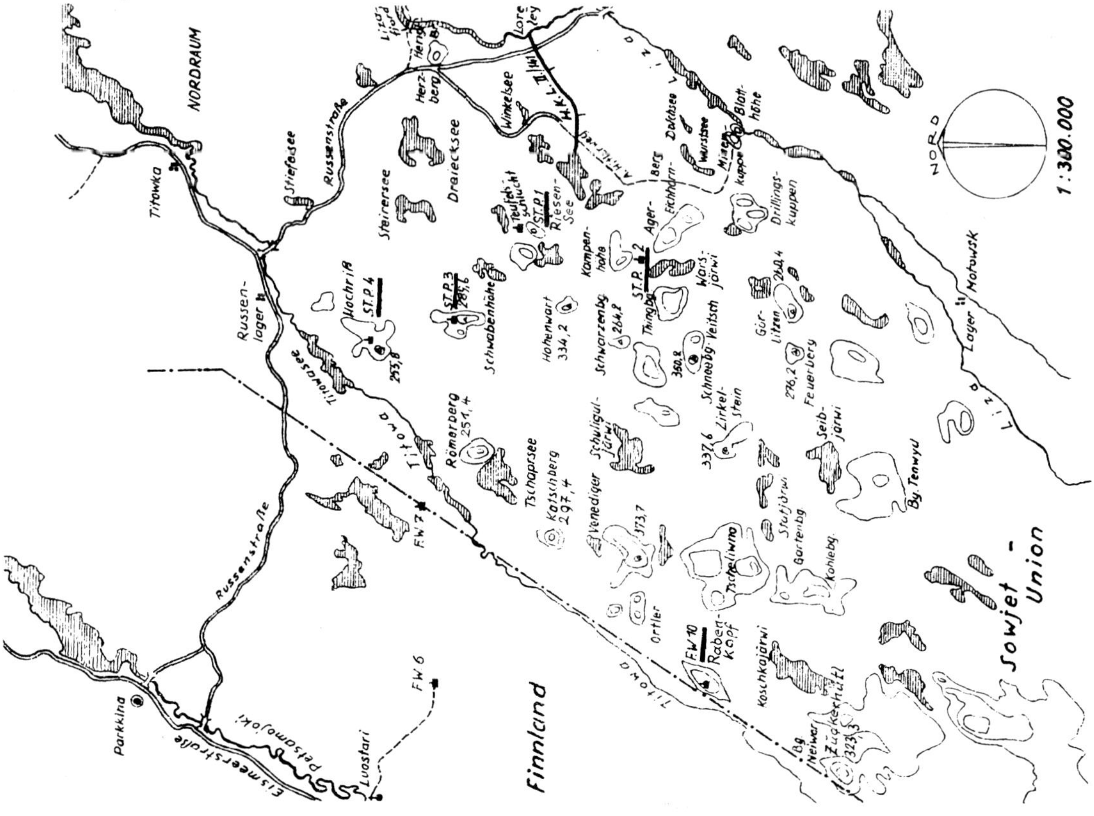

Der Feind, nur knappe 50 Kilometer von seiner Hauptbasis Murmansk entfernt, hatte ebenfalls frische Truppen in zunehmender Stärke herangeführt. Sie bestanden aus wetterharten, klimagewohnten, hervorragend für den Winterkrieg ausgebildeten Soldaten, meist aus Sibirien stammend, gut ausgestattet mit Winterbekleidung und entsprechend ausgerüstet, darunter Skieinheiten mit Rentierkolonnen. Er ließ auch nicht lange auf sich warten. Seine ersten Aktionen richteten sich mit kleinen und größeren Trupps aus der weithin ungedeckten Nord- und Südflanke besonders gegen die Nachschubstraße, um diese zu unterbrechen. Ihr Auftreten im rückwärtigen Gebiet zeigte, daß überall mit feindlichen Überfällen und Hinterhalten zu rechnen war. So kam es zu fortwährenden Aufklärungs- und Spähtruppgefechten mit wechselndem Erfolg und zu oft tagelangen Verfolgungen durch eigene Jagdkommandos.

Doch nicht genug damit. Ab 6. November begann der erste sowjetische Ansturm gegen den Liza-Brückenkopf. Dabei richteten sich die Vorstöße und Angriffe des Feindes hauptsächlich gegen die Kampfstützpunkte K 2b (Pkt. 258,3), K 3 (Pkt. 314,9) und K 4 (Pkt. 263,5), um diese beherrschenden Höhen in seinen Besitz zu bringen, jedoch vergeblich.

In der Nacht von 24./25. November begann die zweite Angriffswelle gegen K 3 und K 4. Wieder stürmten die Russen kompanie- und bataillonsweise an. Draußen von den Buchten feuerten sowjetische Kanonenboote mit ihren Schiffsgeschützen in die Flanke, feindliche Bomber und Schlachtflieger stürzten sich auf die Verteidiger herab. Einzelne Felskuppen und Plateaus wie z.B. der »Sturmbock«, ein bei K 3 nach Süden vorspringender Rücken oder »Jägerschanze« bei Posten 4 oder »Handgranatenköpfl«, ein steil abfallender Fels bei K 4, wurden zu heißumstrittenen Punkten. Um nur ein Beispiel zu nennen: bei den Abwehrkämpfen des Gebirgsjägerregiments 143 Mitte November um K 4 hatte das III. Bataillon unter Major Maile das »Handgranatenköpfl« wieder genommen und mehrere Tage gegen heftige Feindangriffe verteidigt. Die Verluste dabei betrugen 18 Tote, 53 Verwundete und 45 Mann mit Erfrierungen aller Grade. — Drei Wochen lang war der Feind angerannt, doch wurden alle seine Angriffe abgewiesen.

Nach den vergeblichen Novemberangriffen wurde es etwas ruhiger, doch gingen Stellungskrieg, Späh- und Stoßtruppkämpfe an der ganzen Front weiter.

Am 21. Dezember begann ein erneuter Großangriff, der mit besonderer Härte fast pausenlos bis zum 28. Dezember andauerte, wiederum gegen die Kampfstützpunkte K 2 bis K 5, um durch zwei angesetzte Zangenarme vor allem den vorspringenden Eckpfeiler K 3 aus der Divisionsfront herauszubrechen. Mitten im Schneesturm brachen russische Bataillone beiderseits des »Runden Sees« zwischen K 4 und K 5 durch und gelangten bis auf den »Seemannskopf«, wo sie aufgefangen werden konnten. In der feindlichen Flut hielten unerschüttert die eingeschlossenen Stützpunkte stand. In Gegenangriffen konnten nach zähem Ringen die verlorengegangenen Stellungen wieder genommen werden. Als der Kampf zu Ende ging, waren alle Angriffe des Gegners umsonst gewesen. Auch feindliche Aktionen am Fischerhals vom 28. bis 31. Dezember blieben erfolglos. Um nur eine Zahl zu nennen: Allein bei den Kämpfen um K 4 waren 9000 Handgranaten geworfen und 250 000 Schuß abgegeben worden.

Die russischen Verluste bisher waren hoch. Aber auch die 6. Gebirgsdivision mit ihren unterstellten Truppenteilen hatte vom 10. Oktober bis 31. Dezember 1941 413 Gefallene, 1094 Verwundete und 70 Vermißte verloren.

Nach Beendigung der schweren Dezemberangriffe, die unter großen Verlusten für den Feind zusammengebrochen waren, erfolgten von russischer Seite nur noch schwächere Vorstöße, die schließlich gegen Ende Januar 1942 ganz eingestellt wurden. Daraufhin begann die Division in den folgenden Wochen und Monaten mit eigenen Unternehmungen, die ständig nach Ort und Zeit, Stärke und Art der Einsätze wechselten. Sie zwangen dem Feind das Gesetz des Handelns auf und zeigten deutliche Zeichen der Zermürbung bei ihm. Sie bewiesen aber auch, daß nach einer verhältnismäßig kurzen Zeit der Eingewöhnung und Einstellung auf die völlig neuen Kampfbedingungen der deutsche Gebirgssoldat Natur und Gegner gewachsen war. Diese bewegliche Kampfführung, bei der durch eigene Skieinheiten feindliche Trupps abgefangen, Stützpunkte ausgehoben, Lager gesprengt, Ski- und Schlittenkolonnen aufgerieben wurden, führte im Lauf der Monate Februar bis April zu einer Reihe von Erfolgen, die den Russen unter geringen eigenen Verlusten erheblichen Schaden zufügte.

In der Zwischenzeit hatte auch ein Befehlswechsel stattgefunden. Generaloberst Dietl wurde nun Oberbefehlshaber der ganzen Lappland-Armee (20. Gebirgsarmee), an seine Stelle trat General Schörner als nunmehriger Befehlshaber des Gebirgskorps Norwegen, während General Philipp die 6. Gebirgsdivision übernommen hatte.

Schon ab Anfang April wurde eine wesentliche Verstärkung des Feindes vor allem westlich der Liza gegenüber dem Gebirgsjägerregiment 141 und vor dem offenen rechten Flügel der Division erkannt. Es verdichtete sich der Eindruck größerer russischer Angriffsvorbereitungen. Tatsächlich griffen ab 10. April starke Feindkräfte gegen das Regiment 141 an, jedoch ohne Erfolg. Ein gleichzeitiges Verschieben feindlicher Truppen (2 Ski-Rentierbrigaden) weiter nach Westen ließ auf eine beabsichtigte Umfassung des Südwestflügels der Division schließen. Am 27. April landete der Feind dann überraschend an mehreren Stellen der Südküste der Motowski-Bucht und am Westufer der Liza-Bucht (12. Marinebrigade). Gleichzeitig begannen auch nahezu pausenlose Angriffe von 5 Regimentern gegen die Front des Gebirgsjägerregiments 143 ostwärts der Liza im Brückenkopf. Damit waren die Kämpfe auf der ganzen Front, in beiden Flanken, im Süd- und Nordraum entbrannt. Es konnte kein Zweifel mehr bestehen, daß die sowjetische Führung eine Einkesselung und Vernichtung der 6. Gebirgsdivision, den Durchbruch nach Petsamo und damit einen entscheidenden Erfolg an der Eismeerfront anstrebte. Dies wurde später durch Gefangenenaussagen und erbeutete Dokumente bestätigt.

Um die Monatswende April/Mai erreichte die Krise ihren Höhepunkt. Die eigene Führung erblickte zunächst die Hauptgefahr in dem Stoß der im Nordraum gelandeten Feindkräfte, der gegen die rückwärtigen Verbindungen der Division gerichtet war. In dieser überaus gefährlichen Lage entschloß sich General Schörner, da die 6. Gebirgsdivision von weit überlegenem Feind besonders in ihren tiefen Flanken bedroht war, die im Petsamogebiet und im Raum Kirkenes liegende 2. Gebirgsdivision als letzte und wesentliche Verstärkung in den Kampf zu werfen. Innerhalb weniger Stunden standen deren Bataillone marschbereit, um an der bedrängten Front einzugreifen, einem Kampfgebiet, das sie ja bereits kannten. Nun wurden alle zunächst verfügbaren Kräfte zum umfassenden Gegenangriff im Nordraum angesetzt. Nach tagelangem schweren Ringen war am 5. Mai die Umfassung der 12. Marinebrigade nahezu vollendet, nur wenige hundert Meter fehlten noch zur völligen Einschließung. Da riß die unerbittliche Natur die Initiative an sich. Ein arktischer Schneesturm von selbst hier ungewöhnlicher Stärke und Wucht begann, der drei Tage ohne Unterbrechung andauerte. Er raubte jede Sicht und lähmte alle Bewegungen, so daß die Schließung des Kessels nicht mehr gelang. Andererseits hatte dieser Schneesturm zweifellos wesentlich zur physischen Vernichtung der 12. Marinebrigade beigetragen. Nach seinem Abflauen konnten sich vor den erneuten eigenen Angriffen nur mehr geringe Teile der Russen durch Flucht über die Liza-Bucht retten. Der rechte Greifer der großen sowjetischen Zange war am 12. Mai endgültig zerbrochen.

Unterdessen waren auch die Feindangriffe vor dem Regiment 143 ostwärts der Liza verlustreich zusammengebrochen. Dagegen dauerten die Kämpfe am Südwestflügel mit unverminderter Heftigkeit an. Unter wesentlicher Beteiligung von Einheiten der 2. Gebirgsdivision wurden hier drei russische Ski-Bataillone aufgerieben, was die Lage auch dort erheblich entspannte. Die Einstellung der feindlichen Angriffe gegen die ganze Front und erkannte rückläufige Bewegungen der Russen am Südwestflügel lösten am 14. Mai den Entschluß der Führung aus, nun auch hier zum Gegenangriff überzugehen. Dieser warf den Gegner wieder nach Südosten zurück und besiegelte den völligen Mißerfolg seiner gesamten Operation.

Damit war in dieser sog. »Maischlacht« der sowjetische Großangriff an der Eismeerfront restlos gescheitert, noch ehe die zum Durchbruch bereitgestellten Feindtruppen antreten konnten.

Am 14. Mai hieß es in einer Lagemeldung des Gebirgskorps Norwegen u.a.: In der Zeit vom 24. April bis 13. Mai führte der Feind bei einer Gesamtstärke von 37 Kampfbataillonen, denen 18 eigene gegenüberstanden, insgesamt 124 Einzelangriffe.

Im einzelnen richteten sich im Südraum 35 Angriffe mit rund 10 Bataillonen gegen die »Kampenhöhe«, Stützpunkt 2 und »Blocksberg«. Gegen »Barbarahügel«, »Hausberg« und »Kärntnerhöhe«, die vom Gebirgsjägerregiment 141 gehalten wurden, erfolgten 32 Angriffe von fünf bis sechs Bataillonen. Gegen die Stellungen des Gebirgsjägerregiments 143 im Liza-Brückenkopf, vor allem gegen K 3 und K 6 bis K 9 liefen 40 Angriffe von 7 Bataillonen. Weitere zehn Angriffe mit 6 Bataillonen führte der im Raum nördlich der Liza-Bucht gelandete Feind gegen die eigenen Stellungen an der Seenenge, am »Ruf«- und »Kosubek-See« sowie gegen »Obersteiner Höhe«. Sieben Fesselungsangriffe richteten sich gegen das Grenadierregiment 388 am Hals der Fischerhalbinsel, bei denen etwa 4 Bataillone festgestellt wurden.

Die russischen Verluste betrugen 8000 Tote und 227 Gefangene, davon 30 Überläufer. Unter dem erbeuteten Kriegsmaterial allein durch Truppenteile der 6. Gebirgsdivision befanden sich neben zahlreichen Handfeuerwaffen 73 leichte und 47 schwere MG sowie 14 Granatwerfer. Wie hoch z.T. auch die eigenen Verluste waren, zeigt das Beispiel der Kampfgruppe Raithel, die am 3. Mai eine Stärke von 494 Mann hatte und am 12. Mai noch 73 Mann zählte. — Die Gesamtverluste betrugen 680 Gefallene (16 Offiziere), 2630 Verwundete (60 Offiziere) und 160 Vermißte (3 Offiziere).

Über zwei Jahre lang, bis Oktober 1944 nach dem Kriegsaustritt Finnlands, unternahmen die Sowjets an der Eismeerfront keinen entscheidenden Angriff mehr.

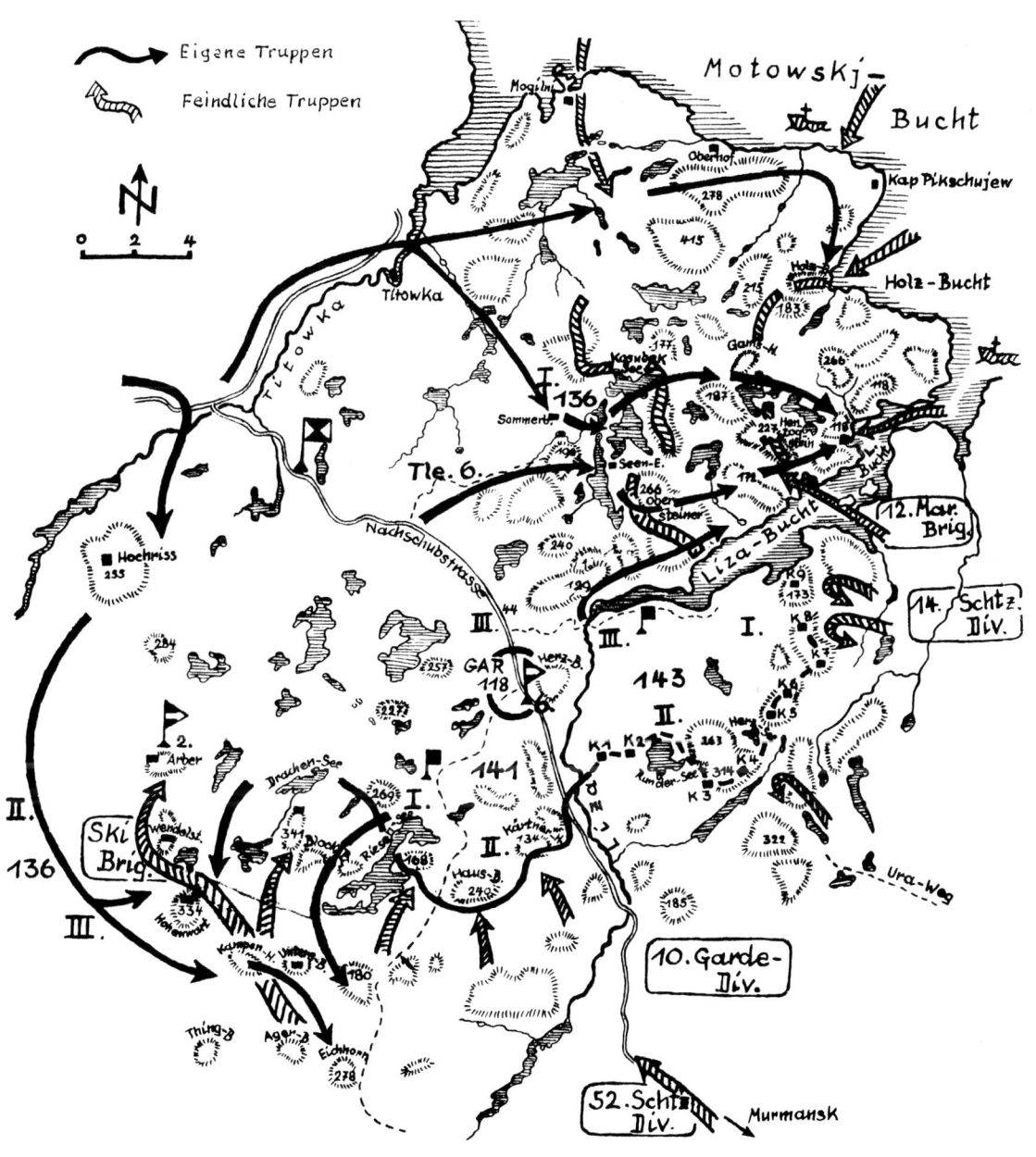

Die »Winterschlacht« im Mai 1942

Einzelberichte

Kampf um den »Hausberg«

(Bericht des ehem. Leutnants Kurrer vom II. Bataillon/Gebirgsjägerregiment 141)

In der Morgendämmerung des 11. November mußte ich hinüber zum »Hausberg«. Ich höre noch den Auftrag des Kompaniechefs: »Feldwebel Hengge stark bedrängt, sofort mit einer Gruppe zu Hilfe. Der »Hausberg« muß unter allen Umständen gehalten werden!«
Drüben am »Hausberg« peitschten Gewehrschüsse und hämmerten Maschinengewehre. Ostwärts davon war starke Bewegung im Gelände zu erkennen. Waren es eigene Teile? Jetzt lagen auch noch die Einschläge der überschweren 12 cm-Granatwerfer auf dem ganzen langgezogenen Rücken des »Hausberges«. Uns wurde trotz der Kälte warm, denn »sprungauf« und »volle Deckung« und wieder auf macht man unwillkürlich, wenn hergeschossen wird. So erreichten wir mit fliegendem Atem den »Hausberg«. Feldwebel Hengge war es inzwischen gelungen, durch guten Waffeneinsatz und einen Gegenstoß den feindlichen Angriff abzuschlagen. Zahlreiche dunkle Körper im weißen Schnee zeugten davon. Doch dann hatte sich der Feind auf den »Hausberg« richtig eingeschossen. Einschlag lag neben Einschlag. In dem nicht gegen einen Volltreffer geschützten Zugbunker des Stützpunkts sah es schlimm aus. Auf dem nassen, glitschigen Boden der in den Felsen gesprengten Behausung oder auf notdürftig zusammengezimmerten Pritschen lagen Verwundete, die noch nicht zurückgebracht werden konnten. Nicht jeder von ihnen würde noch den Abend erleben. Neben dem verbindenden Arzt und seinen Sanitätshelfern reparierte ein Waffenmeistergehilfe Maschinenwaffen, die wegen Schnee und Kälte versagt hatten. Jäger in ihren schmutzigen und zerrissenen Schneehemden standen herum und warteten auf neue Einsatzbefehle. Unaufhörlich tropfte es zwischen den Holzstämmen herab, welche das Dach bildeten und an den nackten Felswänden rieselte das Wasser vom langsam schmelzenden Schnee. Die als Bunkerofen eingebaute Benzintonne spendete spärlich Wärme. Überall roch es in der feuchten Bunkerluft nach Blut, Medikamenten, Zigaretten, angebrannten Socken und menschlicher Ausdünstung...
Der Feldfernsprecher rasselte, eine Meldung wurde durchgegeben. Draußen detonierten weiter die schweren Granaten.
Plötzlich griffen die Russen wieder an, weil sie unbedingt den »Hausberg« haben wollten, von dem aus sie unser Hintergelände einsehen konnten. Die Jäger lagen in ihren Stellungen, hinter Schneewällen und Felsblöcken, unterstützt von einer Sperrfeuer schießenden Gebirgsbatterie, um den Angriff eines ganzen Feindbataillons abzuwehren.
Nun griffen die Russen auch noch in der rechten Flanke an. Zwar kam im Süden und Südosten der Feindangriff in's Stocken, lagen immer mehr Tote auf den weißen Flächen und Hängen und in den Mulden und Schluchten. Doch unaufhörlich drückte der Feind in etwa Kompaniestärke in die offene rechte Flanke. Das hieß nun für meine Gruppe, dort abzuriegeln. Rasch jagten wir die Hänge hinab, denn noch ehe es die Russen bemerkten, mußten wir den Rand des Gegenhanges erreicht haben. Und es gelang. Schnell gingen der IMG-Schütze und die übrigen Ge-

wehrschützen in Stellung, während die Russen noch ahnungslos bis über die Knie im tiefen Schnee heranstampften. Jetzt erreichten die ersten den Vorderhang. Da setzte unser Feuer ein...

Und ein anderer Bericht:
Der Wintersturm löste die Feindanstürme ab. Immer stärker wurde seine Gewalt. Minus 42 Grad zeigte das Thermometer. Über die Höhen und Kuppen tobten Orkane. Sie schütteten alle Täler und Vertiefungen mit ihren Schneelasten zu. Der Schnee wuchs über die Steinhöhlen der Jäger, die Kälte nagte an ihnen. Aber nur schwere Erfrierungen zählten, leichte hatte jeder. Die Männer wühlten sich aus dem Schneemeer. Der Sturm erfaßte sie, warf sie zu Boden. Auf Händen und Füßen krochen sie über blankgefegte Eisplatten, mit denen sich die Felsen und Steine überzogen hatten. Was vorher ein Weg von fünf Minuten war, wurde nun zu einer Stunde Ringens gegen die Naturgewalten. Dann waren sie in ihren Postenständen, lagen hinter den aufgeführten Stein- und Eismauern und lauerten und horchten in den tosenden Orkan. Und wenn sie abgelöst wurden, irrten sie nicht selten stundenlang im Schneesturm umher, der jede Sicht und Orientierung nahm.
Die von hinten kommenden und hangauf steigenden Tragtierkolonnen versanken oftmals in den angestauten Schneetiefen. Tiere stürzten, dann mußten die Tragtierführer ablasten, den Mulis auf die Beine helfen, sie beruhigen, wieder auflasten und weiterziehen, bis erneut ein Tier zusammenbrach. Tag für Tag mußten sie vor, um den kämpfenden Männern Munition, Verpflegung, Baumaterial, Holzkohlen und sonst alles Notwendige zu bringen. Dann stampften die Versorgungsstaffeln nächtens von den Stützpunkten wieder zu Tal, zurück in die Lager. Irgendwann am Vormittag kamen sie an. Die Tragtierführer versorgten ihre Tiere, schliefen einige Stunden den Schlaf der Erschöpfung, faßten neue Versorgungsgüter und stiegen am Nachmittag unter den gleichen Mühsalen wieder an.

Und noch eine Tagesmeldung des Geb.Jäg.Rgt. 143 vom 27.12:
»Angriff gegen K 2 von guten Feindtruppen durchgeführt. Heftige Nahkämpfe. Maschinenwaffen eingefroren. Feind im Handgranatenkampf wieder hinausgeworfen. Eigene Stärken nehmen ab. 25 Mann Verluste, von 80 Mann haben 60 Erfrierungen zweiten Grades. Auf K 2 b und P 4 (»Jägerschanze«) Mannschaften gesundheitlich so fertig, daß keine Garantie mehr übernommen werden kann«.

Teile der 2. Gebirgsdivision halten die sowjetische Frühjahrsoffensive 1942 in der offenen Südflanke auf

(nach einem Gefechtsbericht)

Durch den am 27.4. begonnenen sowjetischen Großangriff hatten auch die Vorgänge an der offenen Südflanke der 6. Gebirgsdivision eine dramatische Wendung genommen. Aus dem weiten Kessel des zugefrorenen Warsjärwi, der vom »Agerberg«, »Eichhornberg«, »Kampenhöhe« und »Thingberg« umrahmt war, stürmten die russischen Massen an der »Kampenhöhe« vorbei in Richtung Russenstraße und »Herzberg« gegen Norden, um die 6. Gebirgsdivision von ihren rückwärtigen Verbindungen abzuschneiden. Gegen diesen Feind im Süden wurden u. a. auch Teile der 2. Gebirgsdivision eingesetzt und zwar die Ende April rasch alarmierten und herangeführten zwei Bataillone des Gebirgsjägerregiments 136 (II. und III.)

Auf dem Stützpunkt »Zuckerhütl« versammelte sich das II./136 unter Hauptmann Frey. In den wenigen Stunden, die vor dem Einsatz noch zur Verfügung standen, galt es, die Kompanien zu gliedern und Munition und Verpflegung auszugeben. Das gesamte Bataillon war mit Skiern und weißer Tarnbekleidung ausgestattet und besaß große Erfahrung im Kampf auf Skiern, denn es stand seit Beginn des Winters 41/42 in der südlichen Sicherungslinie (Feldwachgebiet) im Einsatz und hatte schon viele erfolgreiche Unternehmungen durchgeführt.
Zunächst wurde der Jagdzug Rüf in Richtung »Veitsch—Schneeberg« vorausgeschickt, um die Stärke des Feindes auf diesen beiden Höhenkuppen festzustellen und die Russen zu binden. Diese hatten das Höhengelände zu einem starken Eckpfeiler ihres Einbruchsraumes ausgebaut. Das Gelände war für einen eigenen Angriff ungünstig, weil die Höhen ringsum von zugefrorenen Seen umgeben waren, die keine Deckung ermöglichten.
Das Bataillon war inzwischen nachgerückt. Nur der guten Weißtarnung war es zu verdanken, daß die vorrückenden Kolonnen nicht von den 14 feindlichen Hurricanes, die ständig über dem Gebiet kreisten, entdeckt wurden. Noch während des Anmarsches erschien ein eigener Fieseler Storch und warf eine Meldung ab. Darin wurde der Angriff gegen »Schneeberg« und »Veitsch« abgesagt, da starke russische Kräfte bereits an den beiden Höhen vorbei weiter nach Norden gestoßen waren. Der neue Befehl besagte, daß das II./136 zunächst biwakieren und erst am nächsten Morgen sich zum Angriff bereitstellen sollte.
Schweigsamer Marsch durch verschneites Birkengestrüpp und Kusselgelände. Erstmals war das ganze Bataillon geschlossen auf Skiern zusammen. Voraus lief aufgelockert eine Jägerkompanie, dann folgte der Bataillonsstab, die schweren Waffen und anschließend wieder Jägerzüge. Die Kolonne marschierte weit auseinandergezogen und auf einer Länge von mehreren Kilometern. Dann wurde an geeigneter Stelle ein kurzes Nachtbiwak aufgeschlagen. Zwischen Felsklötzen, Birkenstauden und aperen Buckeln wurden die Viermannzelte aufgeschlagen. Dünne Zweige dienten als Unterlage auf dem gefrorenen Schnee. Die Unterkleidung war vom Tragen der Waffen und schweren Rucksäcke verschwitzt und gefror beim Liegen in der beißenden Kälte.

Das Bataillon hatte an diesem Tag 50 Kilometer auf Skiern zurückgelegt. Der Rucksack jeden Mannes enthielt eine volle Munitionsausstattung, Verpflegung für drei Tage, eine Decke und Brust-und Rückenwärmer aus Pelz. Zusätzlich trugen noch viele Jäger eine 8 cm-Wurfgranate für die beiden schweren Granatwerfer oder MG-Gurte für die zwei schweren Maschinengewehre im Rucksack mit. Besonders schwer hatten die Bedienungen der Granatwerfergruppe mit ihren zerlegten Werfern (Rohr, Bodenplatte und Zweibein), die sMG-Schützen mit den Lafetten und die Nachrichtenleute mit den schweren Berta-und Dora-Funkgeräten zu schleppen. Sie hatten ihre eigenen Rucksäcke an Kameraden abgegeben, die sich nun mit zwei Rucksäcken abplagen mußten.

Es war ein eigentümliches Gefühl, so tief im Rücken des Feindes zu stehen, völlig auf sich allein gestellt, ohne jeden Anschluß nach links und rechts. Um 6.00 Uhr früh rückte das Bataillon in den Bereitstellungsraum. Im flimmernden Sonnenschein lag der »Hohenwart«, ein 334 Meter hoher Höhenrücken, vor den Männern. Dort oben wimmelte es von Russen. Nun hatte man den Feind vor sich, stärker und mächtiger, als angenommen. Das waren nicht Gruppen und Züge, sondern Kompanien und Bataillone. Und von Süden näherten sich immer neue Kolonnen mit Rentiergespannen.

Die Russen hatten das Bataillon noch nicht erkannt. Sie ahnten nicht, daß in ihrer Flanke, ja sogar im Rücken, ein ganzes deutsches Bataillon über 50 Kilometer weit durch die winterliche Tundra herangekommen war. Knapp bevor die Spitzenkompanie zum Angriff antrat, traf ein Funkspruch von Oberst Hofmeister ein, der sich mit seinem Stab jenseits der russischen Stellungen in der »Teufelsschlucht« befand. Das Bataillon sollte noch nicht angreifen, nochmals biwakieren und neue Befehle abwarten. Also zurück zum vergangenen Biwakplatz. Weiter unten im Süden kreisten und suchten weiterhin die feindlichen Flugzeuge, ein sicheres Zeichen, daß die Russen von der Anwesenheit des Bataillons noch immer keine Ahnung hatten. Um 22.00 Uhr wurde wieder angetreten. Diesmal ging es in nördlicher Richtung, in den Spuren einer russischen Vorausabteilung, vorwärts. Die entwickelt vorgehenden Züge in ihrer weißen Tarnkleidung waren das Musterbeispiel eines Skibataillons in der Entfaltung. Das Zwielicht im Birkenbusch ließ die dahinhuschenden weißen Gestalten kaum erkennen.

Mehrere russische Lagerfeuer am Fuß des »Wendelsteins« wiesen den Weg . Hier lagen zwei russische Jagdzüge. Sie sicherten genau verkehrt, nämlich nach Norden, anscheinend erwarteten sie aus südlicher Richtung nur eigene Streitkräfte. Im Dämmerlicht waren Freund und Feind kaum zu unterscheiden, denn auch die Russen trugen weiße Tarnmäntel. Erst als die beiden vordersten Züge bis auf 20 Meter heran waren, bemerkten die Russen ihren Irrtum, da war es aber bereits zu spät. In einem kurzen Kampf wurden sie ohne eigene Verluste außer Gefecht gesetzt.

Anschließend besetzte das Bataillon die nördlich gelegene »Trigonometerhöhe«. Ein Spähtrupp der Feldwache »Schwabenhöhe«, die von der 6. Gebirgsdivision besetzt war, nahm Verbindung auf und berichtete, daß sowjetische Kräfte schon bis zur Russenstraße durchgebrochen seien. Die Höhen, die noch von eigenen Teilen besetzt gehalten würden, wirkten wie Wellenbrecher. Sie vermochten zwar die Feindflut zu teilen, aber nicht aufzuhalten. Soweit das Auge nach Osten reichte, rückten sowjetische Kolonnen mit Rentiergespannen nach Norden. Noch gefahrdrohender jedoch schien der Blick nach Süden. Genau in den Spuren, in denen das Bataillon während der Nacht anmarschiert war, bewegten sich feindliche Skibataillone heran. Das II./136 war also genau zwischen den russischen Voraustruppen und der Hauptmasse marschiert.

1. Mai — das Bataillon erhielt soeben den Funkbefehl, den Feind auf »Moorplatte« anzugreifen. Mit wenigen Schwüngen fuhren die Skizüge in den Talgrund hinunter und hetzten den gegenüberliegenden Steilhang hinauf. Jetzt kam es darauf an, den Plateaurand zu erreichen, ehe sie von den Russen bemerkt wurden. Schon stießen die Spitzengruppen auf eine lange Rentierkolonne. Bald war ein wütendes Handgemenge im Gange, einige Felskuppen wurden gestürmt. Aus seinen überhöhten, gut ausgebauten Schneestellungen überschüttete der Gegner die Angreifer mit einem Hagel von Geschossen. Russische Granatwerfer schossen sich auf die vordersten Züge ein. Hinter dem Bataillon stand der im Bereitschaftsraum zurückgelassene Zug des Leutnants Kinder in erbittertem Feuerkampf. Im Norden trieben sich scharenweise Russen im Buschwerk herum. Das Bataillon war eingekreist.

Der Himmel verdüsterte sich. Nebelbänke zogen von der Eismeerküste heran. Feindliche Jagdflieger kurvten ganz nieder, konnten aber Freund und Feind nicht unterscheiden. Da ließ ein gewaltiger Feuerschlag aufhorchen. Auf den Kuppen südlich der »Teufelsschlucht« sah man die Russen im Feuer unserer Artillerie zurückgehen. Gleich dahinter griffen Gebirgsjäger auf Skiern an. Es handelte sich um das III./136.

Der kühne Plan von Oberst Hofmeister war genau aufgegangen. Am Nachmittag des 1. Mai stand zwar eine schwache, aber durchgehende Sicherungslinie vom »Wendelstein« über die »Moorplatte« und die »Vogelkuppe« bis zu den Nordausläufern des »Blocksberges«, wo sie Anschluß an Teile der 6. Gebirgsdivision fand. Nördlich dieser Abwehrlinie zogen zwar noch russische Haufen mit ihren Rentierschlitten kreuz und quer im Gelände herum, doch waren sie bereits von ihren rückwärtigen Verbindungen abgeschnitten. Die beiden Bataillone des Regiments 136 bezogen Front nach Süden. Mit den feindlichen Kräften im Rücken, also in nördlicher Richtung, war man bald fertig. Mehrere russische Vorauskompanien wurden vernichtet oder gefangen.

Oberst Hofmeister hatte seine beiden Bataillone vollkommen unabhängig voneinander aus ganz verschiedenen Richtungen angesetzt. Während II./136 über Luostari und Stützpunkt »Zuckerhütl« in weitem Skimarsch in den Rücken des Gegners geleitet wurde, hatte der Oberst das III./136, den Jagdzug des I./136 und Regimentseinheiten über die Russenstraße herangeführt. Damit war das Schlimmste, der feindliche Durchbruch im Süden zur Russenstraße, verhindert und eine improvisierte Riegelstellung geschaffen worden.

Einmalig in der ganzen Wehrmacht — Hunde- und Rentiergespanne

(nach Unterlagen des Verfassers)

Das Gebirgskorps Norwegen besaß die einzige Hundeschlittenkolonne des deutschen Heeres. Trainiert wurde diese Einheit von dem Schweden Aspegrin, der in der finnischen Armee den Dienstgrad eines Feldwebels hatte. Sie wurde den Skijagdverbänden der 2. und 6. Gebirgsdivision zugeteilt und sollte zum Transport schwerer Waffen und Verwundeter dienen.

Diese Hundeschlittenkolonne bestand aus zehn sogenannten Nansenschlitten, je Schlitten mit 1 Lenker, gezogen von je 9 Hunden (1 Leithund, 4 Zugpaare). Dazu kamen 9 Hunde als Reserve, insgesamt also 99, meist Samojedenspitze (Polarhunde). Die Leistung betrug bei tiefem Schnee etwa 300 kg Zuglast. Auf einem Schlitten konnten 2 sMG mit 7000 Schuß Munition oder 1 schwerer Granatwerfer mit 40 Wurfgranaten oder 2 Tagessätze Sonderverpflegung für 100 Mann oder zwei Verwundete verladen werden. Die Marschgeschwindigkeit betrug 6 bis 8 Km pro Stunde, sie stieg bei eingelaufener Spur auf 13 Km, sank aber bei 30 cm Pulverschnee auf 4 Km. Die Tagesleistung betrug 60 bis 70 Km. Je Hund mußten täglich eineinhalb Kilogramm Pferdefleisch oder eineinhalb Kilogramm Haferflocken und ein Pfund Fett verfüttert werden.

Diese Hundeschlitten haben sich für die ihnen zugewiesenen Aufgaben beim Mitführen von Waffen, Munition und Gerät sowie Zurücktransport von Verwundeten in der winterlichen Tundra vorzüglich bewährt.

Seltener — im Gegensatz zu den Russen, die großteils davon Gebrauch machten — wurden Rentiere eingesetzt. Das Ren, ein halbwildes Haustier der Lappen, war im Einzelgespann zum Zug leichter Lastschlitten (Akjas) gut geeignet und stob bei Fahrt in immer gleichem Trab über harten wie lockeren Schnee mit größerer Geschwindigkeit als ein Pferd dahin. Ein Verlasten von Waffen, Munition, Gerät usw. lehnten die Rentiere einmütig ab und waren dafür nicht zu gebrauchen.

Kaukasien — Land, Gebirge und Schwarzmeerküste

Als Kaukasien bezeichnet man das Gebiet zwischen dem Schwarzen Meer im Westen und dem Kaspischen Meer im Osten. Kaukasien gliedert sich in den nördlichen Teil, Ziskaukasien, und den südlichen Teil Transkaukasien, die beide durch den riesigen Gebirgszug des Kaukasus getrennt werden. Der größte Teil des nördlichen Vorlandes mit der ab Rostow am Don beginnenden und bis an den Kuban reichenden baum- und wasserarmen Pontischen Steppe und dem fruchtbaren Kubangebiet gehört verwaltungsmäßig zur Russisch-Sozialistischen Förderativen Sowjetrepublik. Transkaukasien umfaßt die drei Sowjetrepubliken Aserbeidschan mit der Hauptstadt Baku, Armenien mit der Hauptstadt Eriwan und

Georgien (russ. Grusinien) mit der Hauptstadt Tiflis, die an den Iran und die Türkei grenzen. Geographisch gesehen gehört ganz Kaukasien schon zu Asien. Grenze im Norden ist der in den Don mündende Fluß Manytsch. Ziskaukasien trägt jedoch noch europäischen Charakter. Der westliche Teil wird vom 907 Kilometer langen Kuban durchflossen, der in das Asow-Meer mündet. Seine Quellflüsse sind Akssaut und Teberda, die bei Mikojan Schachar in den Bergen zusammenfließen. Im Osten strömen Kuma und Terek in das Kaspische Meer.

Die Verkehrsverbindungen von Zis- nach Transkaukasien waren, außer den Seewegen auf dem Schwarzen- und Kaspischen Meer, von altersher sehr dürftig. Sie bestanden im wesentlichen aus je einer Bahnlinie und einer Küstenstraße entlang der zwei Meere, die Bahnlinie am Schwarzen Meer, z.B. von Maikop über Tuapse — Sotschi — Suchum* nach Batum und zur türkischen Grenze. Sonst verlaufen über den gesamten Kaukasus seit Jahrhunderten nur drei sogenannte Heerstraßen, die »Suchum'sche« im westlichen, die »Ossetische« etwa im mittleren und die »Grusinische« im ostwärtigen Teil des gewaltigen Gebirgsriegels. Die »Suchum'sche« Heerstraße, welche für die deutsche Gebirgstruppe Bedeutung erlangen sollte, führte von Teberda über den Kluchor-Paß (2816 m) und durch das Klitsch**- und Kodor-Tal in die Küstengegend von Suchum. Sie war die schlechteste und in Wirklichkeit nur ein schmaler, über große Strecken hinweg schon längst verfallener Weg und Pfad, gerade noch — und dies schon schwierig genug — für Mensch und Tier gangbar.

Diese verkehrsmäßige Unerschlossenheit hatte zur Folge, daß sich in Kaukasien Reste vieler alter Völkerschaften und Stämme mit freiheitsliebender Gesinnung erhalten hatten, unter ihnen das Gebirgsvölkchen der Karatschaier***, mit dem die deutschen Gebirgssoldaten freundschaftlich zusammentrafen. Die Besiedelung nahm vom vorgelagerten, nördlichen Hügelland bis in die Haupttäler des Kaukasus mehr und mehr ab und bestand zuletzt nur noch aus typisch weitläufigen Dörfern. Größere Orte mit teilweise modernen Bauten für Erholungszwecke waren Mikokan Schachar und Teberda.

Das Kaukasusgebirge ist rund 1200 Kilometer lang und zwischen 100 und 180 Kilometer breit. Es erstreckt sich von Nordwesten nach Südosten und besteht aus einer Reihe mächtiger Bergkämme und Massive aus Urgestein mit tiefeingeschnittenen Tälern dazwischen. Das ganze Gebirge, darunter viele namenlose Berge, übertrifft an Höhe, Schönheit und Wildheit der Natur bei weitem die europäischen Alpen, ist auch heute noch weitgehend unerschlossen und seit langer Zeit in großen Teilen zum Naturschutzgebiet erklärt worden. Eingeteilt in Westkaukasus mit Pontischem und Abchaischem Kaukasus (deutscherseits Waldkaukasus und Hochkaukasus genannt), über den Zentral- zum Ostkaukasus steigt der Hauptkamm zwischen 3000 und 5000 Meter an. Unter den sechs Gipfeln mit über 5000 Meter, 16 Gipfeln mit über 4000 Meter und rund 1600 Gletschern ragen als höchste der Doppelgipfel des Elbrus (Westgipfel 5633 m, Ostgipfel 5595 m) sowie der Kasbek (5043 m) weiter ostwärts auf.

---

*Schreibweise auch Ssuchum
**Schreibweise auch Klydsch.
*** Sie wurden, ähnlich wie andere Volksstämme, wegen ihrer Deutschfreundlichkeit nach Ende des Krieges von dem sowjetischen Diktator Stalin deportiert.

Das eigentliche Kampfgebiet im Sommer und Winter 1942 war der Hochkaukasus. Er reicht vom Fischty bis zum Tschiper Asau-Paß mit dem 4038 m hohen Dombai Ulgen und hat eine Länge von rund 220 Kilometer. In Verbindung damit steht das von der Hauptkette abgetrennte und isoliert nach Norden vorgeschobene, stark vergletscherte Elbrusmassiv, das vulkanischen Ursprungs ist.
Dieses Hochgebirge mit seinem gleich zu Stein erstarrten Meer von Gipfeln, Kämmen, Zacken, Graten und Wänden, vielfach mit ewigem Eis und Schnee bedeckt, war menschenleer und einsam. Außer wenigen Gehöftgruppen, einigen Almhütten, Blockhäusern und Unterkunftshütten sowie Hirten, Holzfällern, Jägern, Wildhütern u.a., gab es keine Ansiedlungen und keine Zivilbevölkerung mehr. Die wenigen in die Berge führenden Straßen hatten ihre Endpunkte in den letzten Orten. Durch die Bergtäler mit dem Ursprung der Flüsse Ullu Kam, Teberda, Akssaut, Selentschuk, Bolschaja- und Malaja Laba und Uruschten, führten nur noch schmale, oft kaum erkannbare Pfade und Steige, fast durchweg ohne feste Brücken und Übergänge, hinauf und über die einzelnen Pässe nach Süden. Die Täler waren großteils mit urwaldähnlichem, dichten Mischwald bestanden, die Waldgrenze reichte teilweise bis auf 2000 Meter. Dazwischen befanden sich bis zur sog. Almzone mit grünen Matten und ausgedehnten Moränenfeldern anstelle der heimatlichen Latschen oft dicht verfilzte Rhododendronfelder. Die Schneegrenze lag im Sommer zwischen 2000 und 3000 Meter, doch zogen sich Eiszungen und Schneereste auch tiefer herab.
Bezeichnend für das schwülheiße Sommerklima, jenseits der Berge in der Küstengegend schon subtropisch, waren die schnell aufziehenden, schweren Gewitter und plötzlichen Wetterstürze mit starken Regenfällen, die selbst kleinste Bergbäche innerhalb kurzer Zeit zu reißenden Flüssen anschwellen ließen. — Nicht vergessen sei auch der reiche Wildbestand, wie er in unseren Bergen überhaupt nicht mehr zu finden ist, so neben unserer heimischen Tierwelt auch Wildpferde, Adler, Steinböcke, Bären usw., für die von deutscher Seite strenges Schießverbot galt. Hierzu eine kleine Episode, die der Verfasser selbst erlebt hat: Im Spätherbst 1942 lagen sich Deutsche und Russen am Endes des engen Malaja Laba-Tales mit beiderseits steil ansteigenden Berghängen in Wald- und Felsstellungen gegenüber und bekämpften sich mit Scharfschützen, Feuerüberfällen, Stoßtruppunternehmen usw. Eines Morgens, als wieder lebhafte Gefechtstätigkeit herrschte, tappte plötzlich eine Bärin mit ihrem Jungen, von einem Waldhang kommend, hinab zum Fluß und zur Tränke. Rasch begann das beiderseitige Feuer nachzulassen, dann hoben sich vorsichtig auf der einen wie anderen Seite Köpfe aus den Deckungen, um die beiden Bären zu beobachten. Es fiel kein Schuß mehr, bis diese auf der anderen Flußseite wieder im steilen Wald verschwunden waren.
Der Hochgebirgswinter setzte etwa ab Mitte Oktober ein und brachte mit tiefem Neuschnee und Lawinen neue Schwierigkeiten und Berggefahren. Die Temperaturen sanken bis etwa —25° C.

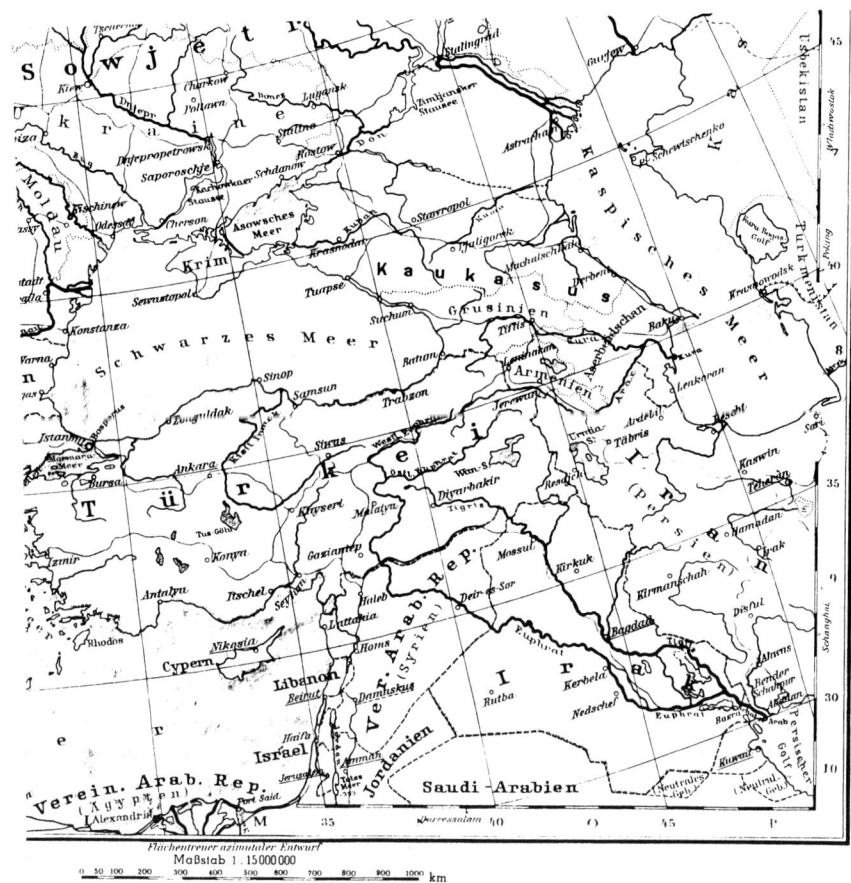

Kartenausschnitt Kaukasus

Große Lageskizze Kaukasus

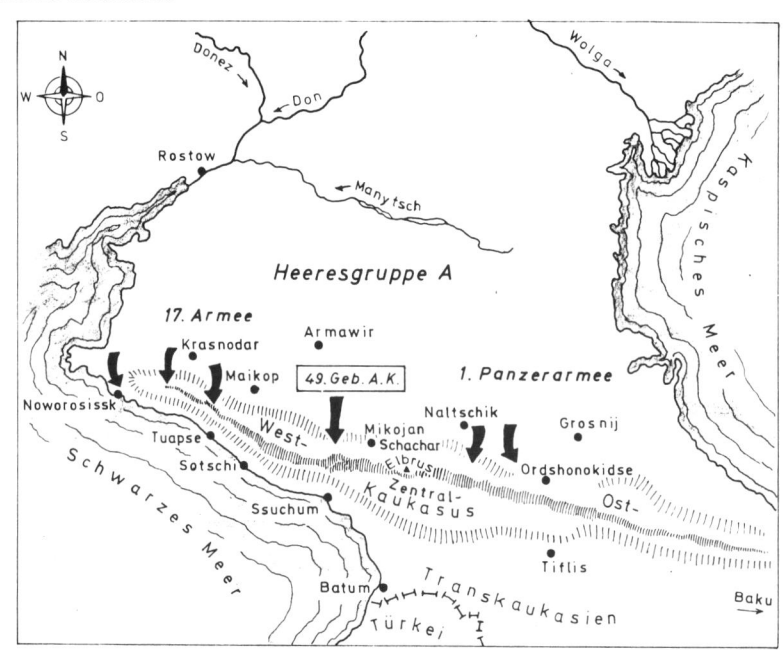

Der Angriff des XXXXIX. Gebirgs-Armeekorps gegen den Hochkaukasus im Sommer 1942
(1. und 4. Gebirgsdivision)

Im Rahmen der neuen deutschen großen Sommeroffensive 1942 sollte mit der Heeresgruppe A gegen den Kaukasus vorgegangen werden und zwar sollte die 1. Panzerarmee die Ossetische und Grusinische Heerstraße sperren, im Vorstoß entlang des Kaspischen Meeres das Erdölgebiet von Baku in Besitz nehmen und als Fernziel die Grenze zum Iran gegen alliierte Hilfslieferungen an die Sowjetunion abriegeln. Der 17. Armee war die Aufgabe gestellt worden, erst die Ölfelder von Maikop zu besetzen und sodann mit dem V. Korps entlang der Küstenstraße des Schwarzen Meeres und mit dem XXXXIV. Jägerkorps durch den Waldkaukasus in Richtung auf die Küste anzugreifen, um so im Zusammenwirken die ganze Schwarzmeerküste in Besitz zu bringen*. Die Küste war wichtig, weil sie alle Häfen der sowjetischen Kriegsflotte berührte. Mit ihrer Inbesitznahme hätte die Schwarzmeerflotte ihre Basen verloren, außerdem verliefen hier mit Straße und Bahn die einzigen Verbindungen nach der Türkei.

Die gesteckten Ziele mochten zwar einerseits für die weitere deutsche Kriegsführung in Rußland von besonderer Bedeutung sein, waren aber andererseits von vornherein als utopisch anzusehen, da sie allein schon entfernungsmäßig über 1000 Kilometer von der Ausgangsbasis (4500 Kilometer von der Heimat) entfernt lagen.

Einen besonderen Auftrag hatte das XXXXIX. Gebirgs-Armeekorps unter der Führung von General Konrad erhalten. Es sollte unter dem treffenden Decknamen »Edelweiß« — ohne Anlehnung links und rechts — unter Ausnutzung aller gangbaren Pässe den Hochkaukasus überschreiten und die Gegend von Suchum am Schwarzen Meer erreichen, um so der sowjetischen Küstenverteidigung in den Rücken zu stoßen*.

Mitte Juli brachen die 1. und 4. Gebirgsdivision zu neuem Vormarsch auf, um nach Überschreiten des Don bei Rostow unter den Befehl des Korps zu treten. In endlosen, wochenlangen Märschen bei Tagesleistungen von 30 und 40 Kilometern, in ständige Staubwolken gehüllt, bei herrschendem Wassermangel und glühender Hitze bis über 40° C strebten die Marschkolonnen nach Süden, dem noch fernen Kaukasus zu, der die Gebirgssoldaten nach Jahren des Kampfes im Flachland wie ein Magnet anzog. Noch nie war bisher einer Truppe zugemutet worden, bis über 1000 Kilometer zu marschieren, um überhaupt erst das künftige Kampfgebiet zu erreichen. So forderte bereits der Anmarsch mit stellenweise harten Kämpfen gegen russische Nachhuten große Ausfälle an Männern und Tieren.

*Aus: Führerweisung Nr. 45 für die Fortsetzung der Operationen vom 23. Juli 1942

Wie hoch oben im Norden die Tundra, so war auch der Kaukasus ein vollkommen unbekanntes Gebiet. Zwar flogen Aufklärer Reihenbildaufnahmen, auch standen einige Studien der Hochgebirgsschule Fulpmes zur Verfügung, doch da sie keine Einzelheiten des Geländes zur Kenntnis brachten, waren sie nicht verwendbar.

Auch das vorhandene Kartenmaterial war mehr als dürftig und erhielt erst nach hervorragenden russischen Beutekarten seine volle Brauchbarkeit. So waren z.B. das auf dem Elbrus befindliche große Haus, der wahre Zustand der wichtigen Suchum'schen Heerstraße usw. gänzlich unbekannt.

Trotz der mit großem Schwung geführten und erreichten ersten bedeutenden Erfolge zeigten sich rasch schwerwiegende Nachteile. Eine Gebirgsausrüstung für den Kampf im Hochgebirge war nicht vorhanden, sie lagerte noch in Stalino, 1000 Kilometer weit zurück. Die zwei schon durch den Anmarsch geschwächten Divisionen erfuhren eine weitere Minderung ihrer Stärke. So mußte ein ganzes Bataillon der 1. Gebirgsdivision (I./99) an die 1. Panzerarmee abgegeben werden. Ein Bataillon der 4. Gebirgsdivision wurde zunächst Korpsreserve, ein weiteres Bataillon war infolge Mangels an Tragtieren unbeweglich geworden.

Alle mot. Teile, darunter z.B. auch die schwere Artillerie, mußten schon in den Vorbergen zurückbleiben, weitere Teile wurden zum Einsatz gegen bald auftretende Partisanen im rückwärtigen Gebiet benötigt. Das ganze zu überschreitende Hochgebirge war nur zu Fuß und mit Tragtieren auf schlechten Pfaden und Stegen begehbar. Da auch keine Feldküchen folgen konnten, mußte sich die Truppe monatelang selbst verpflegen.

Beide Divisionen konnten nur je eine Angriffsspitze mit je zwei Bataillonen bilden, die bereits wieder nach knapp drei Wochen zurückgenommen werden mußten und dies vor allem aus Nachschubgründen auf viel zu langen und schwierigen Wegen, und auch wegen fehlender Verstärkungen.

Der Feind, bisher schon in seiner Härte, Zähigkeit und Anspruchslosigkeit bekannt, hatte von vornherein den Vorteil viel kürzerer und weitaus besserer Wege aus der Küstengegend und konnte teilweise sogar auf festen Straßen mit Lkw in die Berge fahren. Obwohl durch den langen Rückzug vom Don bis zum Kaukasus schwer angeschlagen, war es erstaunlich, mit welcher Energie und Tatkraft die sowjetische Führung neue Truppen aufstellen und in den Kampf werfen konnte.

Darunter waren meist Einheiten, die nicht für einen Gebirgskrieg ausgebildet und ausgerüstet waren, z.B. eine ganze Kavalleriedivision, die auf ihren Pferden in die Berge ritt, absaß und dann in den Bergkampf ging. Zudem wurden die Russen stark durch ihre Luftwaffe von nahen Flugplätzen unterstützt, während auf eigener Seite außer einigen Aufklärungsmaschinen kein einziges Flugzeug zur Verfügung stand.

Waren also auch hier wie an der Eismeerfront die langen Anmärsche, die zu schwachen Kräfte, das extreme Gelände, der schwierige Nachschub und der hartnäckig kämpfende Feind Gründe für ein Scheitern, so kam noch hinzu, daß sich durch Führungsmaßnahmen der Durchstoß durch das Hochgebirge immer mehr verzettelte, die an sich schon geringen Kräfte in neue Angriffsrichtungen aufgesplittert wurden und so auch neue Nachschubschwierigkeiten entstanden.

Über die Verluste der 1. und 4. Gebirgsdivision liegen für diesen Zeitraum keine Gesamtzahlen vor. Sie dürften schätzungsweise zusammen etwa 300 Gefallene und 1500 Verwundete betragen haben.

Der Gebirgssoldat der 1. und 4. Gebirgsdivision hatte im Hochgefühl, endlich wieder einmal in den Bergen zu sein, größte Strapazen willig ertragen und im Kampf ganz seinen Mann gestanden, jedoch war der gestellte Auftrag unter den gegebenen Bedingungen und Verhältnissen — kurz gesagt — einfach unerfüllbar.

Die 1. Gebirgsdivision

(Auszug aus der Divisionsgeschichte von General a.D. Hubert Lanz)

Aus der großen Einkreisungsschlacht von Charkow Mitte Mai 1942 kommend, wo die Division im Raum Barwenkowo schwerste Kämpfe zu bestehen hatte, und nach weiteren Kämpfen bei Isjum wurde die Division bis 6. Juli Armeereserve. Dann begann auch für die 1. Gebirgsdivision ab 7. Juli der große Marsch nach Süden (insgesamt 1300 Kilometer, erst noch in Kämpfen stehend). Die Division erreichte anfangs August in zwei Marschgruppen, vom Feind wenig, vom heißen Sommerwetter viel belästigt, durch eine landschaftlich abwechslungsreiche Gegend über Sslawiansk — Lissitschansk — Kamensk die Stadt Rostow am Don. Hier trat die Division nach fast halbjähriger Abwesenheit wieder unter den Befehl des XXXXIX. Gebirgs-Armeekorps.
Da die Division infolge der beschränkten Übergangsmöglichkeiten — die einzige Pontonbrücke war ständig von anderen Truppen oder Versorgungseinheiten belegt — nur schubweise auf Fähren über den Don gebracht werden konnte, dauerte es mehrere Tage, bis der Uferwechsel vollzogen war. Dann aber begann für die Angehörigen der Division der wohl denkwürdigste Abschnitt des Krieges, nämlich der Angriff auf den Hochkaukasus.
Seit wir dieses Ziel kannten, standen wir alle im Bann der Berge. Aber noch galt es viele Tage zu marschieren, oft 30, 40, ja 50 Kilometer bei Hitze und Staub den ersehnten Bergen entgegen.
Die Vorausabteilung Lawall erreichte am 9. August den Kuban bei Krapotkin und nahm am 11. August die wichtigen Brücken bei Tscherkessk unzerstört in Besitz. Von den Höhen südlich Tscherkessk sahen wir zum ersten Mal den Elbrus. Ein großer Augenblick!
Bereits einen Tag nach dem Übergang über den Don, am 5. August, befahl die Division die Aufstellung einer Hochgebirgskompanie aus bergerfahrenen Männern aller Einheiten zur Inbesitznahme der Hochpässe des Elbrus und der Flaggenhissung auf dem Gipfel in Stärke von etwa 100 Mann. Jeder Angehörige dieser hochalpinen Gruppe erhielt vom Divisonskommandeur eine Adlerfeder als Zeichen ihrer besonderen Aufgabe. Vorher hatte bereits das V. Fliegerkorps in hilfsbereiter Weise die Möglichkeit gegeben, Anmarsch und Aufstieg zum Elbrus aus der Luft zu erkunden. Die vorgesetzten Heeresdienststellen waren einer Elbrusbesteigung zunächst weniger zugeneigt. Man erblickte darin ein alpines Unternehmen ohne taktischen Wert. Die Vorstellungen der Division, daß sich die deutsche Gebirgstruppe diesen höchsten Gipfel, der in ihrem Einsatzgebiet lag, nicht entgehen lassen dürfe, führten dann zur stillschweigenden Genehmigung des Unternehmens. Der Auftrag für die 1. Gebirsdivision sah vor, als Schwerpunktdivision des Korps

auf der Suchum'schen Heerstraße über den Kluchor-Paß den Austritt aus dem Hochgebirge zu gewinnen und die Hafenstadt Suchum am Schwarzen Meer zu erreichen, außerdem mit Teilen durch das Kuban-Tal und weiter dicht westlich am Elbrus vorbei das Ingur-Tal zu gewinnen, um sich dem Vorstoß auf Suchum anzuschließen.

Dicht nördlich von Mikojan Schachar, wo Kuban und Teberda zusammenflißen, traf die vorausbefindliche Kampfgruppe Major v. Hirschfeld auf eine starke russische Nachhut. In gewandter Umfassung stieß die Kampfgruppe dem Feind in die Flanke, nahm die Stadt und brauste mit ihren mot. verlasteten Jägern und Pionieren durch das landschaftlich großartige Teberda-Tal weiter nach Süden, bald von den Landeseinwohnern, den freiheitsliebenden Karatschaiern, freudig begrüßt. Am 14. August erreichte sie gegen feindlichen Widerstand den Kurort Teberda und erkämpfte sich tags darauf am Ende des Talweges den Eintritt in das Gebirge. Hier begann der eigentliche Kampf in den Bergen. Der Feind sperrte mit großem Geschick hinter Felsen und Bäumen den ansteigenden Saumpfad. Aber auch die Jäger verstanden sich auf den Kampf im Bergwald. Wo der Gegner zu fest saß, wurde er überstiegen oder umgangen. Durch prächtige Tannenwälder, an einem Holzfällerlager vorbei, einem einsamen Alpsee entlang näherte sich die Spitze einer großen Schutzhütte, später »Serpentinenhaus« genannt, am Fuß des Kluchor-Passes (2816 m).

Gleich hinter dem »Serpentinenhaus« führte der schmale Steig in ein mächtiges Kar, rings von gewaltigen Felsen umgeben. Das war die uneinnehmbar scheinende Stellung zur Verteidigung des über ihr liegenden Kluchor-Passes. Hier mußte die Entscheidung fallen. Ein Frontalangriff war unmöglich. Jede Bewegung lag unter dem wohlgezielten Feuer der russischen Schützen im Fels. Unter Täuschung in der Front setzte deshalb v. Hirschfeld zu einer ausholenden Umfassung an. Weit abseits des Passes gewannen Teile der Kampfgruppe einen beherrschenden Grat, stießen ihn entlang und beherrschten nun von oben herab den Paß mit Feuer. Am Abend des 17. August konnte so der Kluchor-Paß erstürmt werden. Damit war der höchste Punkt der Suchum'schen Heerstraße in eigener Hand.

Unterdessen hatte links drüben im Elbrusgebiet die Hochgebirgskompanie unter Führung von Hauptmann Groth den großen Asau-Gletscher erreicht und Aufklärung auf den Chassan-choi-Ssjurulgen-Paß (3474 m), den Asau-Paß (3260 m) und den Tschiper-Asau-Paß (3268 m) vorgetrieben. Vom Chotju-Tau-Paß (3546 m) aus war das auf einer Felseninsel zwischen Asau- und Terskolgletscher liegende, bisher völlig unbekannte hotelähnliche Elbrushaus in 4200 m Höhe entdeckt worden. Es war anscheinend vom Feind besetzt. Zur Aufklärung wurde ein Spähtrupp entsandt, der das Haus links überstieg und in den Felsgruppen oberhalb Stellung bezog. Bald darauf wurde Hauptmann Groth, seiner Kompanie weit voraus, von den Russen dicht vor dem Elbrushaus gefangen genommen. Aber er ließ sich nicht verblüffen und traf mit der russischen Besatzung ein Abkommen, daß sie freien Abzug erhalten würde, wenn sie ihm das Haus und die damit verbundene meterologische Station überließe. Dieses Abkommen wurde eingehalten und so kam der wertvolle Stützpunkt mitten im Hochgebirge ohne einen Schuß in eigenen Besitz. Das gut eingerichtete Haus bot für über 100 Mann Platz und wies erfreulicherweise erhebliche Vorräte an Proviant und Bekleidung auf. Es wurde sofort nach allen Seiten gesichert.

Am 19. August wurde der Elbrus-Gipfel von Teilen der Hochgebirgskompanie, die inzwischen im Elbrushaus eingetroffen war, erstmals angegangen, infolge zunehmend schlechten Wetters jedoch ohne Erfolg. Am 20. August herrschte Schneesturm. So wurde der 21. August für den neuerlichen Aufstieg bestimmt. Auch diesmal war das Wetter nicht günstig. Aber das Wagnis gelang. Unter äußersten Anstrengungen erreichte eine kombinierte Mannschaft der 1. und 4. Gebirgsdivision den sturmumbrausten Westgipfel und hißte um 11.00 Uhr vormittags auf der 5633 m hohen Spitze die Reichskriegsflagge, dazu Edelweiß- und Enzianstander, die Wahrzeichen beider Divisionen.

Während hoch oben am Elbrus die Flagge wehte, rückten drunten in den Tälern die Marschkolonnen der Jäger dem Kuban und der Teberda entlang den Hochpässen entgegen. II. und III./98 strebten eilends dem Kluchor-Paß zu, um die Kampfgruppe v. Hirschfeld auf ihrem Weg hinunter in das Klitsch-Tal zu unterstützen. Das Gebirgsjägerregiment 99 erreichte Utschkulan im Kuban-Tal und schickte das II. Bataillon durch das Nachar-Tal gegen den Nachar-Paß (2931 m) hinauf, um von dort her die Teile des Regiments 98 im Klitsch-Tal zu entlasten, was jedoch infolge zu großer Geländeschwierigkeiten nicht möglich war. Daraufhin wurde das II./99. abgedreht, um die Hochgebirgskompanie auf den Hochpässen im Elbrusgebiet zu verstärken und in die Nebentäler nach Süden aufzuklären. Hier kam es zu einzelnen Hochgebirgsgefechten, wobei das auf einem Felsen hoch über dem Bakssan-Tal gelegene ehem. zaristische Jagdschlößchen Krugosor in 3000 m Höhe im Kampf mehrfach den Besitzer wechselte. Eigene, zum Dongus-Orun-Paß (3198 m) angesetzte Aufklärung wurde verlustreich abgewiesen. Ihn hatte bereits der Gegner in Besitz, der sich langsam durch die Bergwelt heranschob.

Das III./99. befand sich noch im Nachrücken und wurde in den Angriffsraum des Regiments 98 Richtung Kluchor-Paß abgedreht. Das I./99 wurde ab 17. August, und ebenso auch die Vorausabteilung Lawall, der 1. Panzerarmee im Ostkaukasus unterstellt. Sie schieden damit vorerst aus dem Verband ihrer 1. Gebirgsdivision aus, eine empfindliche Schwächung. Das I./98 ging durch das Marucha-Tal gegen den Maruchskoj-Paß (2769 m) vor, und das neu herangeführte und der Division unterstellte Hochgebirgsbataillon 2 war im Eintreffen bei Teberda.

In der Hauptstoßrichtung, im Klitsch-Tal, beim Gebirgsjägerregiment 98 mit seinen beiden Bataillonen (II. und III.) durch das die Suchum'sche Heerstraße als verfallener schmaler, stellenweise nur schwer passierbarer Weg führte, ging es bis zum Wegeknick am sog. »Steinhaus« verhältnismäßig gut vorwärts. Sobald aber nach Süden eingebogen wurde und man sich dem Ausgang aus dem Hochgebirge näherte, wurde der feindliche Widerstand immer heftiger. Doch allen Hindernissen zum Trotz kämpften sich die »98er« bis nahe vor die Gehöftgruppe Klitsch durch, dort, wo der Klitsch-Bach in die Gwandra mündet.

Tagelang wogte der Kampf um den Austritt aus dem Hochgebirge hin und her. Die Versorgung auf dem weiten Weg über die Berge war schwierig, noch mehr der Abtransport der vielen Verwundeten von den verschiedenen Verbandplätzen, wo die Ärzte mit ihrem Sanitätspersonal Tag und Nacht arbeiteten.

Schließlich wurde durch eine Umgehungsgruppe von drei Kompanien versucht, den Feind im Rücken zu packen, um endlich den Austritt aus dem engen Klitsch-Tal zu erzwingen. Drei Tage lang wurde mit steigender Sorge auf den Erfolg und die Rückkehr dieser Kompanien gewartet. Endlich kamen sie, völlig erschöpft

und abgerissen, ihre Verwundeten mit sich schleppend, zurück, nachdem ihre Umgehung mißlungen und sie in einen feindlichen Hinterhalt geraten waren.
Immer deutlicher wurde der Eindruck, daß die sowjetische Führung alles daransetzte, den Weg nach Süden nachhaltig zu sperren. Aus dem Schwarzmeerraum von Suchum trafen nahezu ununterbrochen Verstärkungen ein, darunter ein Bataillon Fähnriche der dortigen Gebirgsschule, dann die 63. Kavalleriedivision mit Bergausrüstung, weiter eine Anzahl Infanterieverbände, von denen bereits am 21. August sechs Bataillone bei Klitsch gegenüberstehen. Die Straße von Suchum nach Klitsch ist nach Fliegermeldungen dicht mit Truppen belegt. Dagegen werden die eigenen Reihen immer lichter, es kommt kein Ersatz. Zudem wird der Nachschub zeitraubender und dürftiger. Kein Wunder also, daß der eigene Angriff im Klitsch-Tal endgültig zum Stehen kommt. Ohne wesentliche Verstärkungen ist der Durchbruch nach Süden ans Schwarze Meer nicht mehr zu schaffen. Ab 6. September müssen die 98er wieder zurückgehen.
Gegen Ende August hatte die Division in ihrem Abschnitt alle wichtigen Hochgebirgspässe genommen und besetzt und zwar: Im Elbrusgebiet durch das II./99, anschließend die aus der Hochgebirgskompanie Groth neugebildete Hochgebirgskompanie Leupold, weiter zum Nachar- und Kluchor-Paß das nachgefolgte III./99 (davor im Klitsch-Tal II. und III./98), weiter nach Westen am 3000 m hohen Dombai-Ulgen-Paß die Hochgebirgskompanie Schmidt, wo die Gebirgsjäger in steilen Felswänden Paß und Grat verteidigten.
Im Akssaut-Tal hatte das Hochgebirgsbataillon 2 den Feind nach Süden gedrückt, aber am Maruchskoj-Paß in 2769 m Höhe wurde mit wechselndem Erfolg gekämpft. Am 28. August griff dort die grusinische Schützenbrigade 810 mit zugeteilten MPi-Kompanien an, gewann die Höhe 3012 und bedrohte damit die rechte Flanke der Division im Marucha-Tal. Die neuformierte Kampfgruppe Eisgruber erhielt den Befehl, den Paß wieder zu nehmen. Das Hochgebirgsbataillon 2 unter seinem alpin besonders erfahrenen Kommandeur faßte in weitausholender Umgehung unter ungewöhnlichen Schwierigkeiten am 5. September den völlig überraschten Feind im Rücken, stürmte den Paß und vernichtete im Zusammenwirken mit dem frontal angreifenden I./98 und der Artilleriegruppe Große-Leege den über 2000 Mann starken Feind.
Mitte September stand die Division auf einer 80 Kilometer breiten Hochgebirgsfront in Angriff und Verteidigung. Einmalig waren die Erlebnisse jener Wochen in Fels und Eis. Bis Mitte September verstärkte sich der feindliche Druck nach Norden. Jedem Einsichtigen wurde klar, daß der Höhepunkt überschritten war. Der Durchbruch durch den Hochkaukasus mußte aufgegeben werden.

Freitag, 24. Dezember 1993

Kriegsweihnachten im Kaukasus

Vor 52 Jahren auf dem Kluchorpaß (2864 Meter) – Von Emeran Weidinger

Nicht Heldentum, sondern die hohe menschliche Belastung sowie die hervorragende Kameradschaft sind Sinn dieses Erlebnisberichtes!

Bereits im September schafften wir in einer einzigartigen Gemeinschaftsarbeit das Holz für den Bau von sieben Hütten auf dem Kluchorpaß (2864 m) im Kaukasus. Im Urwald wurde das Bauholz gefällt, in drei bis vier Stunden schaffte man die schweren Stämme zu den Baustellen. Die Trupphütte wurde einige 100 Meter über dem Paß errichtet. Ein Maler skizzierte an die Bretterwand den bekannten Münchner Humoristen, den Weiß-Ferdl, mit dem Spruch: »Des Lebens kräftigster Motor ist aller Orten der Humor!«

Mitte Oktober begann es bereits heftig zu schneien. Es war atmosphärisch bedingt, daß die eisigen Luftmassen von der Kirkisensteppe mit den maritimen aus dem Raum des Schwarzen Meeres aufeinanderprallen. Sie verursachten die starken Schneefälle. Es schneite so heftig, daß es bei Tag ganz düster wurde. So lagen auf den Unterkünften 6 bis 7 Meter Schnee. Da krachten oft bei Nacht die »aufgestadelten« Hütten, als würden sie jeden Augenblick zusammenbrechen. Die neu entwickelte Lampe, der Petromax, verzehrte rasch den Sauerstoff und so mußte man immer wieder ausschaufeln, um nicht an Luftnot zu ersticken. Es war schlimm, wenn sogar den harten Männern die Nerven durchgingen.

Die Enge in den Hütten war eine große physische Belastung. Durch die tagelangen Schneefälle und durch die Lawinengefahr verzögerte sich oft die Ablösung der Hüttenbelegung durch die Kameraden des Talstützpunktes. Das Kartenspielen ganze Tage und halbe Nächte war die einzige Unterhaltung. Pielmeier und ich beschäftigten uns in der vorweihnachtlichen Zeit mit der Brandmalerei. Auf Birkenschilder, die wir von der Talstation erhielten, machten wir ein hübsches Bild vom Kluchor (3864 Meter) und als Hintergrund den Kluchor (3864 Meter). Mit verschiedenen Schraubenziehern und einem Benzinkocher konnten wir ein recht schönes Weihnachtsgeschenk basteln. Ein Edelweiß, das Symbol der Gebirgstruppen, zierte unsere Arbeit. Urlauber brachten sie in unsere Heimat und schickten sie an unsere Angehörigen. Dann machte ich mit Pielmeier und Kirchner einen »kleinen Musikkreis«.

Der Kirchner war ein Innsbrucker Kameramann bei Luis Trenker. Er beherrschte das Spielen auf der Gitarre. Pielmeier hatte eine klangvolle Stimme, mit einer unwahrscheinlichen Treffsicherheit. Der erste Schuß traf Pielmeier am Kopf und im nächsten Moment schoß er nur von 400 bis 500 Meter über mir in seinem Leben vergessen wird. Wenn es nicht stürmte oder dichte Wolken die Sicht verhinderten, dann mußten Tag und Nacht zwei für die Sicherheit ein eisiger Wind von der Kirkisensteppe über den Paß mußte. Immer wehte ein eisiger Wind von der Kirkisensteppe über den Paß. Immer selbst die mit den warmen Schaffellmänteln und den Pelzstiefeln ausgerüsteten Soldaten stündlich abgelöst werden.

Einen unvorstellbar schweren Einsatz erforderte der vorgeschobene Stützpunkt am Naharpaß. Weit unterhalb des Kluchorpasses an der suchumischen Heerstraße waren acht bis zehn Mann in einem Zelt untergebracht. Nachts lagen sie fest aneinandergereiht auf den blanken Boden; die Maschinenpistole griffbereit. Der Gruppenführer hatte zudem noch eine Leuchtpistole. So mußten sie vier bis fünf Tage aushalten.

Mit Hauptmann Pielmeier und dem Kirchner wollten wir an einem schönen Tag den Kameraden Verpflegung bringen. Trotz Tarnkleidung überraschte uns aus der gegenüberliegenden Flanke ein Scharfschütze. Aus einer Entfernung von 400 bis 500 Meter schoß er mit einer unwahrscheinlichen Treffsicherheit. Der erste Schuß traf Pielmeier am Kopf und im nächsten Moment erhielt Kirchner einen Oberschenkel-Durchschuß. Zum großen Glück war es bei Pielmeier keine lebensgefährliche Verwundung. Blitzschnell verschwanden wir in Deckung. Hart an der Felswand der suchumischen Heerstraße entlang schoben wir uns nach unten. Sofort machte ich die Wundversorgung. Nun wollte ich auf den Paß, um Männer für den Transport zur Sanitätsstützpunkt zu holen. Als ich die Deckung an einer anderen Stelle verließ, nahm mich der Scharfschütze sofort wieder unter Feuer. So schnell ich konnte, sprang ich wieder in Deckung. Die beiden schrien: »Bleib da, bleib da!« Als nach Stunden die Sonne hinter dem Grat verschwand, war es beim Scharfschützen mit der Treffsicherheit aus. Da schlugen die Geschoße 30 bis 40 Meter zu hoch in die Felswand ein. Stark sank die Temperatur und so mußte ich schnell Hilfe herbeiholen. Auf dem Paß angekommen, schrie ich, so laut ich nur konnte: »Pielmeier und Kirchner sind verwundet«. Sofort alarmierten die Männer den Stabsarzt und alle Kameraden, die sich in den Hütten aufhielten. Nach kurzer

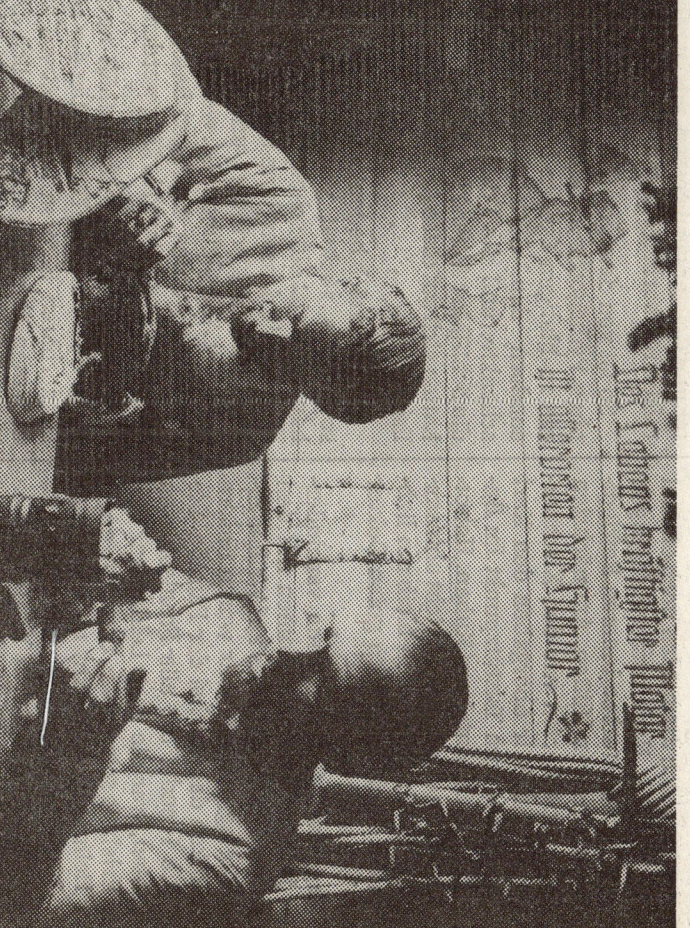

Hauptmann Karl Pielmeier, München, und der Heeresbergführer Emeran Weidinger, Ruhpolding, beim weihnachtlichen Basteln in ihrem Stützpunkt auf dem Kluchorpaß.

Zeit war der Doktor mit dem »Sani« bei mir und wir besprachen die Verwundung und den Transport. Der »Sani« brachte zwei Feldflaschen mit heißem Tee und zwei Wolldecken. Es dauerte nicht lange, dann waren wir wieder bei den Verwundeten. Inzwischen hatte die Zeit und die Kälte die Gesichter stark gezeichnet. So war der heiße Tee eine unwahrscheinliche Wohltat.

Nun begann der schwere Transport zum Paß. Tief und grundlos war der Schnee. Oft mußten die Tragen abgesetzt werden und andere übernahmen die schweren Lasten. Mit eisernem Willen und mit letzter Kraft schafften wir die Verwundeten die etwa 400 bis 500 Höhenmeter zum Paß. Am Ende dieses steilen Aufstiegs verspürte man bei allen Kameraden ein tiefes Aufatmen und ein denkbares Gefühl für das Zusammenhelfen. Etwa um 22 Uhr erreichten wir den Sanitätsstützpunkt. Dieser Einsatz war die Krone der Kameradschaft. Es war ein Glück, daß Dr. Karl Lins von Weingarten bei Lindau seinen Verbandsplatz nicht im schützenden Urwald aufbaute, sondern im Verteidigungsbereich des Passes. Unser Doktor war nicht nur ein Meister seines Faches, er war auch ein großartiger Mensch, und ein beliebter Kamerad. Zwei Benzinkocher und zwei Petromax sorgten für Wärme und genügend Licht. Der Arzt begann sofort mit der Behandlung. Während wir dicht beisammen standen und uns den heißen Tee und das fette Schweinefleisch aus der großen Dose recht gut schmecken ließen, bedankten sich die beiden noch einmal recht herzlich. Nach kurzer Zeit gingen wir mit einer starken inneren Befriedigung zu unseren Hütten. Am nächsten Tag transportierten wir den Kirchner Karl ins Tal. Wir übergaben den Karl dem »Sani« vom Talstützpunkt im Baxantal, ein Seitental von Kuban. Hauptmann Pielmeier ließ sich nicht abtransportieren. Er sagte: »Ich bleib am liebsten bei Euch und einen guten Doktor hab' ich auch«.

Tagelange Schneestürme verhinderten jedes Zusammenkommen mit den Kameraden. Je näher es auf Weihnachten zuging, um so mehr waren unsere Gedanken daheim bei der Familie. Die größte Freude, die alle Frontsoldaten erlebten, war die Post. Leider war dieses Erlebnis sehr selten, denn von ungerer Heimat trennten uns nicht weniger als 3000 bis 4000 Kilometer. Anstelle der vorweihnachtlichen Vorfreude sickerte die Gewißheit durch, daß uns im Frühjahr ein Großangriff auf Suchum und die Einnahme der Ölfelder bevorsteht. Unwillkürlich wurden wir an den Kampf um den Kluchorpaß erinnert, bei dem nicht weniger als 228 junge Menschen ums Leben kamen.

Mein gütiges Schicksal, das mich in meiner früheren Jugend beim Eis- und Felsgehen begleitete, stand mir auch in dieser äußerst schwierigen Lage zur Seite. Ich bekam recht schwierige Gelbsucht und sah aus wie ein Chinese. Bei strahlend blauem Himmel und den altbewährten Schneereifen an den Füßen stapften der »Sani« und ich unter Einsatz der letzten Kräfte den weiten Weg ins Tal. Mit Freude und mit dem neidvollen Ausspruch: Hast du vielleicht ein »Maß!« wurde ich von den Kameraden begrüßt. Bei einer Karatscheier Familie durfte ich die Nacht verbringen. Dieser Volksstamm war sehr deutschfreundlich. Nach einer recht langwierigen und ungemütlichen Fahrt im Lazarettzug kam ich vorerst nach Pschemisl zu der »erfolgreichen« Entlausung. Wenige Tage vor dem Weihnachtsfest war die Fahrt zu Ende. In Orthuf in Thüringen durfte ich das Fest erleben. Mit der Nachricht an meine Lieben und an meine Eltern fiel mir der letzte schwere Stein von Herzen. Durch die fürsorgliche und liebevolle Betreuung der Schwestern des Lazaretts erlebte ich frohe und der Lage entsprechend glückliche Weihnachten.

Der Gebäckteller enthält viele Geheimnisse

Von Pfefferkuchen und Kletzenbrot – Marzipan stammt aus der Apotheke

Wer Mutters verführerischem Teller mit Weihnachtsgebäck nicht widerstehen kann, sollte sich nicht allzuviel Gewissensbisse machen. Er befleißigt sich nämlich eines uralten Brauches, dem schon die Römer huldigten, als vor mehr als zweitausend Jahren solche schmackhaften Küchlein zur Zeit des Erntedankes im ganzen Imperium Romanum gegessen wurden.

Und vor ihnen waren es die Griechen und die Ägypter, die besonders Honiggebackenes zu schätzen wußten: einerseits, weil es Kraft gegen böse Geister geben sollte und andererseits, weil das, was den Menschen schmeckt, auch Götter und Geister gerne essen, wie in zahlreichen Überlieferungen bezeugt ist.

So ist von dem griechischen Philosophen Pythagoras bekannt, daß er sich nie zu blutigen Opfern hinreißen ließ, sondern den Göttern Honigkuchen schenkte, und die Windgötter, die für die Schiffahrt Athens so wichtig waren, hatten sich auf diese Art Kuchen spezialisiert.

In Frankreich bedeutet bûche de noël soviel wie »Scheit vom Weihnachtsbaum«. Es ist ein schokoladeüberzogenes Bisquit, dessen Form tatsächlich an ein Holzscheit erinnert und Überrest des alten Aberglaubens ist: wer nämlich von einem grünen, kräftigen Baum ißt, wird ebenso groß und kräftig werden.

Aber der Gebäckteller enthält noch mehr Geheimnisse: Die meisten der oft sonderbaren Figuren haben etwas zu bedeuten: der Zopf soll tatsächlich die Nachbildung eines richtigen Zopfes sein, den man in altheidnischer Zeit den Geistern opferte. Figuren aus dem Tierreich symbolisieren deren spezielle Eigenschaften, die auf den übergehen, der ein so geformtes Gebäckstück zu sich nahm.

In Tirol gibt es das Kletzenbrot, ein Birn- und Schnitzbrot. Seine Art der Zubereitung soll die einzige Möglichkeit gewesen sein, es vor den naschhaften Geistern zu schützen, die es nicht erwarten konnten. Allerdings erzählt die Chronik nicht, ob die »Geister« nicht vielleicht doch aus Fleisch und Blut waren.

Die erste Nachricht über Pfefferkuchen stammt aus dem Kloster Tegernsee aus dem 11. Jahrhundert und da seinerzeit das Wort »Pfeffer« für alle Gewürze stand, sind Gewürzkuchen gemeint. Allerdings findet man in ganz alten Rezepten auch den Pfeffer als Gewürz, denn damals schon galt als gut was auch teuer war, und Pfeffer kostete ein Vermögen.

Auch beim Pfefferkuchen war es wie so oft in der Geschichte der verschiedenen Genußmittel: man machte es den Mönchen nach. Und es entstanden erste Gewerbebetriebe, aus denen sich die ehrsame Zunft der Lebküchner entwickelte, besonders in Nürnberg, so man den Grundstein legte zu einer weltumspannenden Weihnachtsgebäckindustrie.

Früher meißelten Künstler aus den Zuckerhüten Bildwerke und Figuren. Doch die waren sehr zerbrechlich und gerieten nach dem Aufkommen des Marzipans aus der Mode. Marzipan stammt ursprünglich aus der Apotheke. In dem »Confectbuch und Hausapoteck« (Strassburg 1544) heißt es vom Marzipan: »Zu dieser Zeit mehr es zur Lust bei Panketten, denn von den Kranken gebraucht.«

Günter Dörner

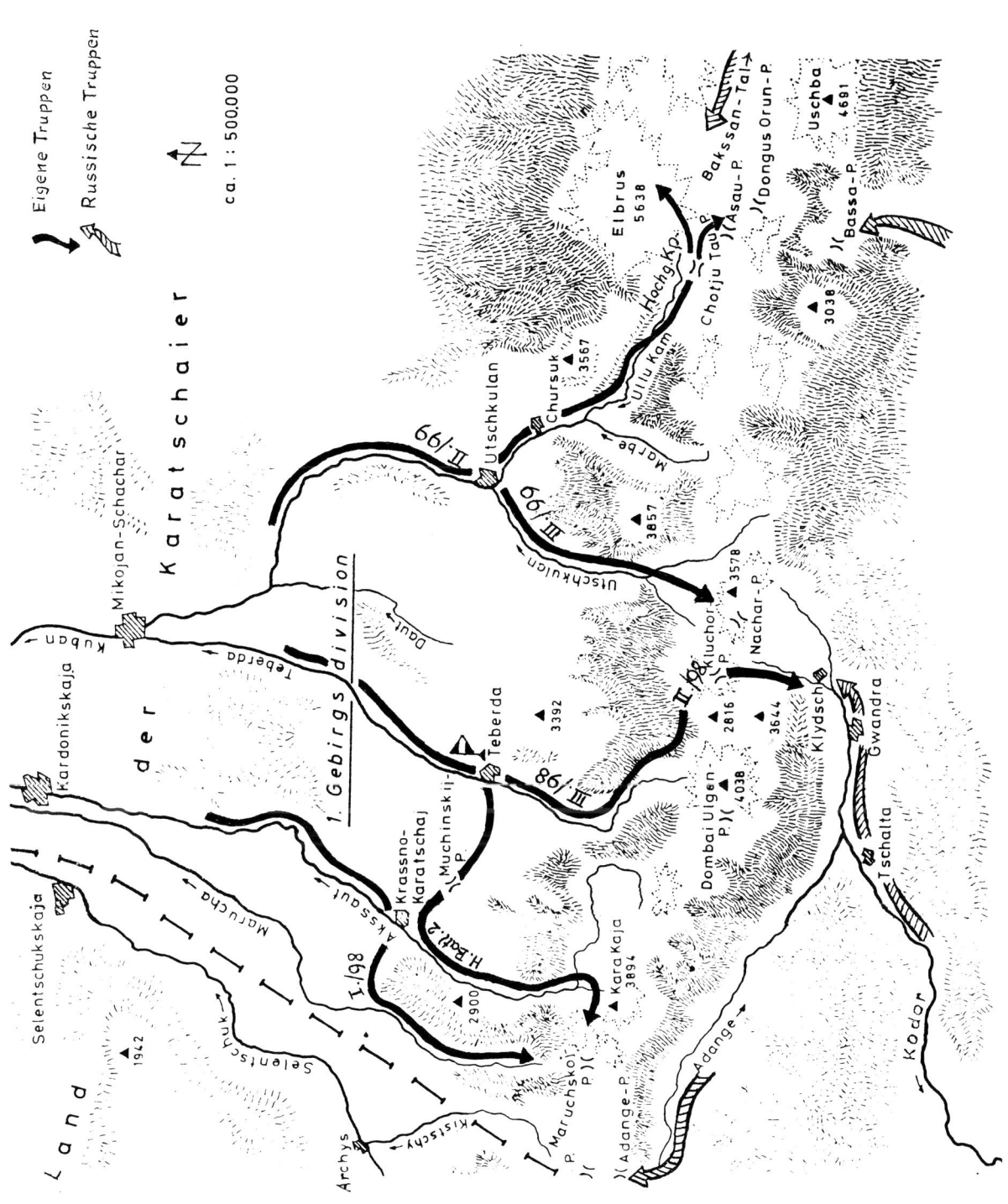

Einsatz der 1. Gebirgsdivision im Sommer 1942

Einzelberichte

Das I./Gebirgsjägerregiment 98 im Marucha-Tal
(nach Unterlagen des Verfassers)

Nach dem Eintreffen des Hochgebirgsbataillons 2 im Akssaut-Tal wechselte das I. Bataillon/98 auf einem Almweg in das Marucha-Tal hinüber, um dort frontal gegen den feindbesetzten Maruchskoj-Paß vorzugehen, von dem aus ihrerseits die Russen schon weit ins nördliche Marucha-Tal vorgedrungen waren. Für die vorgehenden Jäger wurde das Tal zunehmend enger, der Pfad schlechter, die Bergwände zu beiden Seiten steiler und höher. Der in Wald und Fels meist unsichtbar versteckte Feind verteidigte sich äußerst zäh und geschickt. Immer wieder mußte erst durch seitlich im Bergwald umfassende Stoßtrupps der weitere Weg freigekämpft werden. Sicherungen mit Kletterausrüstung begleiteten entlang der Felshänge das langsame und mühevolle Vordringen des Bataillons. Auf kaum erkennbarem Steig ging es entlang des wildschäumenden Baches zwischen bemoosten Felsbrocken und gestürzten Baumstämmen auf und ab. Seitliche Wildbäche oder ausgewaschene, geröllhaltige Rinnen mußten überquert werden. An den Hängen links und rechts stieg steil Laubwald an, durchsetzt mit Rhododendrongestrüpp, der fast bis in 2000 m Höhe reichte und stellenweise bis an den Schnee hoch oben auf den Bergen reichte. Unverdrossen kämpften sich die Jäger gegen Natur und Feind vor, bis sie plötzlich aus der rechten Flanke unter heftiges Feuer genommen wurden. Kurz darauf meldete die rechte Seitensicherung, daß der Berg 3012 m stark feindbesetzt sei. Um dieses ausgebaute Felsennest, das von etwa einem Bataillon Russen verteidigt wurde, zu nehmen, befahl der Bataillonskommandeur, Major Bader, der 3. Kompanie, den Berg zu stürmen. Aber die Sowjets wehrten sich so hartnäckig, daß sie nicht geworfen werden konnten. Doch arbeitete sich die 3. Kompanie in dem felsigen Gelände soweit an den Gegner heran, daß dieser im Feuerkampf gebunden werden konnte. Am 30. und 31. August erstieg dann die Kompanie in schwerer Kletterarbeit die Felsstufe dicht unterhalb des vom Feind noch immer gehaltenen Gipfels und setzte sich dort fest.

Die Masse des Bataillons unten im Tal konnte inzwischen einen russischen Gegenangriff zerschlagen und kämpfte sich im strömenden Regen gegen zunehmende feindliche Abwehr weiter vorwärts. Überall hockten die Russen, lauerten zwischen Felsblöcken, lagen versteckt hinter den dicken Stämmen des Hochwaldes und feuerten vor allem von den Felsterrassen am Nordrand des Maruchskoj-Gletschers. Während sich an den rechten Hängen die 1. Kompanie mit dem Pionierzug des Bataillons vorarbeitete, versuchte die 2. Kompanie eine Umgehung nach links, traf aber überall auf Feind. Zwei auf Tragtiere verlastete Gebirgsgeschütze folgten mühsam im überschlagenden Einsatz nach und suchten die Jäger mit Steilfeuer zu unterstützen, doch die mitgeführten Granaten waren knapp. So kämpfte sich das I./98 von Norden her durch das Marucha-Tal vorwärts.

Hochgebirgsbataillon 2 im Flankenangriff gegen den Maruchskoj-Paß

(nach Unterlagen des ehem. Bataillonskommandeurs Major Bauer)

Am 28. August 1942 hatte der Feind überraschend den 2769 m hohen Maruchskoj-Paß genommen. Um den Paß wieder in eigenen Besitz zu bringen, sollte er durch einen Frontalangriff des I./98 im Marucha-Tal und durch einen weit ausholenden Umgehungsangriff des Hochgebirgsbataillons 2 von Osten her über völlig unbekanntes Gebirge zwischen 3000-4000 m Höhe wieder erobert werden. Am 25. August trat das Hochgebirgsbataillon 2 über den 2734 m hohen Muschinsky-Paß zunächst seinen Weg in das Akssaut-Tal an. Da noch keine Tragtiere eingetroffen waren, mußten die Männer selbst alles an Waffen, Munition, Ausrüstung und Gepäck mitschleppen. In einem kräftezehrenden Gewaltmarsch durch Täler und über Höhen traf das Bataillon schon einen Tag später im Akssaut-Tal ein und arbeitete sich durch das völlig weg- und steglose enge Tal weiter vor, um dann über den 3894 m hohen Kara Kara dem Feind auf dem Maruchskoj-Paß in Flanke und Rücken zu stoßen. Doch noch ehe es zum Anstieg in der von vorausgeschickten Offizierspähtrupps erkundeten Route kam, brachen die Russen plötzlich durch die 3163 m hohe Kara Kara-Scharte und stiegen in hellen Scharen in das Akssaut-Tal ab. Sie konnten nur mit Mühe und Not aufgefangen und erst nach scharfen Gefechten in den nächsten Tagen wieder auf die Berge zurückgeworfen werden. Die 2. Kompanie stieß dem Feind sofort nach und brachte bis zum 31. August die Kara Kara-Felsscharte und den beiderseitigen Grat wieder in eigene Hand und sicherte dort.

Doch es schien, als hätte sich alles gegen das Bataillon verschworen. Nun setzte plötzlich und unerwartet am 1. September ein Wettersturz ein. Ein schweres Unwetter raste mehrere Tage über die Berge. Es regnete in Strömen und bis auf 2000 Meter herab fiel Neuschnee. In den Tälern stand der eigene Versorgungsweg weithin unter Wasser, die wenigen primitiven Holzbrücken wurden von den hochangeschwollenen Wildbächen weggerissen. Zeitweise stockte der ganze Nachschub.

Doch unbeirrt trotz des hereingebrochenen, schlechten Wetters hielt der Bataillonskommandeur (in Friedenszeiten ein bekannter Himalaja-Mann) an dem geplanten Aufstieg zur Murach-Scharte hinauf fest, um von dort aus den abgesprochenen Flankenangriff auf den Maruchskoj-Paß zu unternehmen.

Unten im Akssaut-Tal machten sich die Jäger fertig. Sie schulterten die schweren Rucksäcke, hängten sich die Waffen über, schlangen sich die Bergseile um und griffen nach den Eispickeln. Dann stiegen sie los.

So schob sich im stetig rinnenden Regen, bei tiefhängenden grauen Wolken, die alle Bergspitzen, Grate und Gipfel verhüllten, als erste die 3. Kompanie ab 1. September mittags zur Maruch-Scharte hinauf. In langer Schlange, schwer bepackt, stieg Mann hinter Mann in den vom Regen übergegangenen peitschenden Schneeschauern die schon von Voraustrupps markierte Anstiegsroute auf. Die Kompanie hatte erst ihren Weg zum Beginn des Akssaut-Baches genommen und dann über die Moräne und Gletscherzunge den Akssaut-Gletscher hoch. Nun wand sie sich den Gletscherbruch entlang nach Nordwesten gegen den Schneesattel in 2654 Meter Höhe, wo durch die Felsgrate der Kara Kara-Ausläufer Deckung nach der Feindseite hin vorhanden war. Nach traversieren des spaltenreichen oberen Gletscherteils näherte sich die Spitze im scharfgezackten steilem Anstieg allmählich vorsichtig der 3412 Meter hohen Maruch-Scharte, wo noch immer versteckt ein eigener Spähtrupp ausgeharrt hatte. Obwohl die Jäger mit Seilsicherung aufstiegen und besonders schwierige Stellen voraus schon durch lange Stangen mit roten Wimpeln gekennzeichnet waren, blieb der ganze Weg dennoch überaus beschwerlich und gefahrvoll. Der blanke Felsen war zwar tritt- und griffsicher, doch durch den Regen bzw. Neuschnee naß und rutschig geworden, die Geröllhalden großteils vereist und verschneit, die ausgedehnten Gletscher sehr spaltenreich. Die Altschnee-Höhe betrug teilweise bis zu vier Metern, die Lawinengefahr war beträchtlich. Neue Schneeverwehungen und Schneebretter erschwerten die Grattraversierungen außerordentlich.

Auf diesem mühevollen und gefährlichen Weg folgten am 2. September Teile der 5. Kompanie, der Bataillonsstab und die 4. Kompanie nach. Diese schleppten insbesondere alpines Gerät wie Seile, Steigeisen, Strickleitern usw. für den bevorstehenden Angriff mit.

Der durch das herrschende schlechte Wetter besonders hart und strapazenreiche Aufstieg des Bataillons hatte jedoch einen ausgesprochenen Vorteil. Der Feind hielt nämlich bei dieser Witterung jegliche Bergbewegung in seiner rechten Flanke für unmöglich und hatte sich daher auch nicht entsprechend gesichert. — Allein schon dieser Anstieg des Bataillons, der bei ungünstigen Wetterbedingungen mit über zwei Kompanien und allen ihren Waffen — je Kompanie wurden zehn leichte MG, zwei schwere MG und insgesamt vier schwere Granatwerfer 8,1 cm mitgenommen, die ohne alle Tragtiere von den Männern selbst bis auf eine Höhe von nahezu 3500 m geschleppt werden mußten, war eine ausgezeichnete alpine Leistung.

Mit dem Eintreffen der beiden Kompanien bis zum 4. September hoch oben in ihren Bereitstellungsräumen war die Umgehung vom Feind unbemerkt geglückt. Am nächsten Tag frühmorgens sollte dann der Angriff gegen den Maruchskoj-Paß wie geplant beginnen und zwar derart, daß das I./98 aus dem Marucha-Tal den Paß frontal, das Hochgebirgsbataillon 2 aus der Flanke von Osten herab auf den Paß stürmen sollte.

Der trübe und neblige Nachmittag des 4. September ging in eine frostklirrende Nacht über. Auf der Maruch-Scharte war es bitterkalt. Ein eisiger Wind fegte über die Felsgrate und Bergzacken. Eng zusammengekauert biwakierten die Jäger in ausgegrabenen Schnee- und Eishöhlen hinter der 3412 Meter hohen Scharte. Niemand schlief, alles war in gespannter Erwartung — würde das waghalsige Unternehmen gelingen?

Kurz nach Mitternacht klarte es überraschend auf. Gegen 3.00 Uhr morgens traf der Melder eines Spähtrupps ein, der seit der vergangenen Abenddämmerung unterwegs war, um am 3725 Meter hohen Maruch-Gipfel vorbei einen Steig zu dessen nordwestlichem Abfall zu erkunden und zu sichern. Auf diesem zum Paß hinabziehenden Kamm sollte der Stoß der 4. Kompanie erfolgen. Jetzt kam also vom Spähtrupp die Meldung, daß der Grat erreicht, feindfrei gefunden und die Anstiegsroute markiert sei. Sofort brach die 4. Kompanie in diese Sturmausgangsstellung auf, durchstieg auf inzwischen ausgehauenen Eisstufen die Maruch-Scharte und kletterte an Seilen entlang die Südwand des Gipfels zum Nordwestkamm hinauf. Die winddurchheulte Nacht zeigte nun ein sternklar funkelndes Firmament. Gespenstisch ragte im fahlen Mondlicht der mächtige Maruch-Daschi. Kaum ein Laut durchdrang die tiefschweigende Bergeinsamkeit, nur die Eissporne der kletternden Gebirgsjäger knirschten im gefrorenen Firn. Hin und wieder trug der Wind schwache Geräusche von tief unten, vom Paß, herauf, wo der Feind noch immer nichts von dem Unheil ahnte, das sich hoch über ihm zusammenbraute.

Nach anstrengender vierstündiger Kletterei hatte die 4. Kompanie den schmalen, verschneiten Felskamm gewonnen, um sich auf ihm und seiner Südseite zum Angriff auf den fast 500 Meter tiefer liegenden Paß zu sammeln. Im grauenden Morgen lag jedermann gut gedeckt hinter Felsen und Schneewächten bereit. Zunehmend deutlicher ließen sich tief unten die Russen in ihren Schützenlöchern und um ihre Lagerfeuer erkennen.

Auch die 3. Kompanie war unterdessen aufgebrochen und schlängelte sich in langer Reihe auf vorher erkundetem Steig in ihren Bereitstellungsraum auf dem Grat südlich des Maruchskoj-Gletschers. Beiderseits davon wurden die schweren Maschinengewehre, in rückwärtigen Felsvertiefungen die schweren Granatwerfer in Stellung gebracht. Bei Punkt 3444 m richtete sich das Artillerieverbindungskommando ein, das durch Funk mit den Feuerstellungen der Gebirgsartillerie im Marucha-Tal verbunden war.

Der 5. September brach als ein warmer und sonniger Tag an. Als der aufklarende Morgen eine genaue Beobachtung auf den Paß hinunter ermöglichte und die Kompanien ihre Sturmbereitschaft gemeldet hatten, gab Major Bauer als Angriffszeichen den Feuerbefehl an die 3. Kompanie.

Ratternd, dröhnend und krachend brach es auf den vollkommen ahnungslosen Feind auf dem Maruchskoj-Paß nieder. Doch die anfängliche Verwirrung dauerte nicht lange — schnell hatten sich die Russen gefaßt und reagierten bald. Schon richteten sich ihre zahlreichen, schweren Waffen gegen den feuerspeienden Berg in ihrer Flanke und im Rücken. Aber der entbrannte Feuerkampf wurde eindeutig zu Gunsten der Gebirgsjäger entschieden, als sich auch die 7 Gebirgsgeschütze der Artilleriegruppe aus dem Marucha-Tal einmischten und ihr zusammengefaßtes Feuer auf den Paß legten.

Jetzt trat die 4. Kompanie an. Als letzte Voraussetzung für ihren Sturm auf den Paß mußte noch der nordostwärtige Eckpfeiler des Maruchkoj-Passes fallen. Um 10.00 Uhr stieß ein Jägerzug dagegen vor. In schwierigster Kletterarbeit, dabei häufig im Kampf Mann gegen Mann mit den in den Felsen hockenden Russen konnte bis 11.00 Uhr der Gipfel 2760 m genommen werden. Hierdurch wurde auch die Verbindung zu der an der Kara Kara-Scharte sichernden 2. Kompanie aufgenommen.

Gedeckt durch den Feuerschutz der 3. Kompanie begann nun die Masse der 4. Kompanie ihren halsbrecherischen Angriff. Unter den Augen des darüber völlig überraschten Feindes kletterten die Jäger an Seilen und Strickleitern über Felswände und Schrofen, teilweise fast senkrecht, in die Tiefe und erreichten ohne große Verluste die Ostumrandung des Passes. Hier wehrten sich nun die Russen mit aller Kraft und der Kampf entbrannte zu voller Heftigkeit. Die feindlichen Stellungen auf dem Paß waren ausgezeichnet ausgebaut, aufgeschichtete Steine und Felsbrocken ergaben einen fast sicheren Schutz gegen das Feuer leichter Waffen, während der Feind durch kleine Scharten nach nahezu allen Richtungen schießen konnte. Doch von hoch oben herab unterstützten die schweren Waffen der 3. Kompanie, fegten MG-Garben in die feindlichen Steinstellungen und schlugen Wurfgranaten in die Deckungen, während die Gebirgsgeschütze vor allem den Paß nach rückwärts abriegelten und mit ihrem Feuer feindliche Ansammlungen zerschlugen. Seit 10.30 Uhr befand sich auch das frontal aus dem Marucha-Tal angreifende I./98 im beständigen Aufwärtskämpfen gegen den Maruchskoj-Paß und konnte nach harten Gefechten die westliche Paßumrandung nehmen. Während nun Teile der 3. Kompanie des Hochgebirgsbataillons 2 gegen die südliche Paßumrandung vorgingen und mit weiteren Teilen am Südende des Maruch-Gletschers den Abstieg in das südliche Adange-Tal sperrten, trat als letzte die 2. Kompanie an der Kara Kara-Scharte in den Kampf, stürmte die Feindnester auf der Nordostseite des Maruch-Gletschers und folgte über das breitflächige, blanke Eis des Gletschers der 4. Kompanie zu deren Unterstützung auf dem Maruchskoj-Paß nach. Nachdem Teile des I./98 von Westen entlang unterhalb der Gipfel 3225 m und 2928 m die Einschließung des Feindes vollendet hatten, kam es auf dem Paß zum Endkampf gegen die sich mit aller Erbitterung wehrenden Russen. Obwohl bereits völlig umringt und von rückwärts abgeschnitten, verteidigten sie sich in dieser aussichtslosen Lage dennoch bis zuletzt. Als die Dämmerung hereinbrach, verstummte schließlich das Feindfeuer. Gleichzeitig erschienen weiße Fetzen und vereinzelt tauchten die ersten Russen aus ihren Felsdeckungen auf und ergaben sich. Gegen 18.45 Uhr hallte langanhaltendes Hurra von den Felswänden und Bergen wider — der 2769 m hohe Maruchskoj-Paß war wieder genommen.

Jetzt erst stellte sich heraus, welch großer Erfolg mit der Rückeroberung des Passes errungen worden war — eine ganze sowjetische Brigade mit zwei Schützenregimentern war vollständig zerschlagen worden. Neben über 300 Toten verlor der Feind 557 Gefangene. Erbeutet wurden 4 leichte und 19 schwere MG, 9 leichte und 13 schwere Granatwerfer, 117 Panzerbüchsen und zahlreiche Maschinenpistolen, Automatgewehre und Gewehre.

Gefecht auf dem Elbrus in 4500 Metern Höhe

(Bericht des ehem. Abschnittskommandanten Hauptmann Mayr)

Gefechtsstand Elbrusabschnitt (II./99), 27. September 1942: 17.00 Uhr Abendmeldungen der Stützpunkte »Storch«, »Traktorenweg«, »Krugosor«, »Felskopf«, »Tschiper Asau«, »Asau-Paß« und »Chotju-Tau-Paß«. Untertags hatte der Feind aus dem Bakssan-Tal heraus an einigen Stellen mit Spähtrupps vorgefühlt, die sich bei Beschuß aus unseren Stellungen sofort wieder abgesetzt hatten. Für die Nacht werden vor unsere eigenen Stellungen Horchposten vorgeschoben. Mit einem selten erlebten Farbenspiel an den umliegenden Bergen, Elbrus-Ost- und Westgipfel, Dongus Orun und Uschba senkte sich die Dämmerung. Im letzten Sonnenlicht leuchteten die Schneefelder im Osten am Kasbek und wie eine gleißende Perle glänzte im Süden der Gipfel des Arrarat.

Um 21.00 Uhr setzte überraschend ein Feuerüberfall auf unsere Stellungen mit allen verfügbaren feindlichen Kalibern ein. In allen Stützpunkten und Stellungen Alarm. Am »Traktorenweg«, an der »Roten Platte« und bei »Krugosor« schob sich der Feind im Schutz seiner schweren Waffen mit stärkeren Kräften heran, blieb aber im eigenen Abwehrfeuer liegen, ohne einen Einbruch in unsere Stellungen zu versuchen. Mehrfach faßte der Feind das Feuer seiner Artillerie und Werfer auf einzelne unserer Stützpunkte zusammen, ohne daß eine bestimmte Absicht zu erkennen war. Undenkbar erschien aber, daß er nachts zwischen unseren Stützpunkten durch die Gletscherbrüche des Asau-Gletschers zu kommen versuchte. Das Feuer unserer leichten Waffen wurde eingestellt, die schweren Waffen waren erst gar nicht in Aktion getreten. Wir konnten uns bei den schwierigen Transportverhältnissen keine Munitionsverschwendung erlauben, mußte doch jeder Schuß erst von Trägern über große Höhen und Entfernungen herangebracht werden.

Um 23.00 Uhr ließ das Feindfeuer nach und verstummte schließlich ganz.

28. September, 4.00 Uhr morgens:

In die Morgendämmerung hinein bellten die Schüsse eines eigenen sMG am »Storchennest«, der höchsten Sicherung am Osthang des Elbrus in etwa 4800 m Höhe. Alarm! Unglaubliches war geschehen. Die Russen waren in der Nacht von Norden her durch die Gletscherbrüche angestiegen und versuchten nun unsere Stellung am Elbrushaus von oben her aufzurollen. Alle verfügbaren Leute wurden in die Stellungen, die nur dünn besetzt waren, eingeschoben. Etwa 200 Meter vor dem Stützpunkt »Storchennest« blieb der Angriff der Russen liegen, die dort Deckung in einer Gletschermulde fanden und durch unsere Infanteriewaffen nicht mehr gefaßt werden konnten. Unser Gebirgsgeschütz, das auf etwa 4500 m Höhe stand, konnte wegen der kurzen Entfernung und Winkelschwierigkeiten nicht eingesetzt werden. Unmittelbar bei der Meterologenstation war der leichte IG-Zug in Stellung, hatte jedoch nur ein Geschütz einsatzbereit. Bald lagen die ersten Einschläge im Ziel, doch auch dieses Geschütz fiel bald wegen Rücklaufschadens aus.

Auch der Feind war nicht untätig geblieben. Bald zeigten die gut liegenden Einschläge von zwei schweren Granatwerfern, daß die Russen nicht gewillt waren, den Kampf aufzugeben. Sie sparten auch nicht mit Munition. Auch wir setzten Granatwerfer ein, konnten aber nur auf Fläche schießen, während der Feind, irgendwo versteckt und von uns noch nicht ausgemacht, einen ausgezeichneten Beobachter haben mußte.

Allmählich flackerte auch das Gewehrfeuer wieder auf. Auf breiter Front schoben sich die feindlichen Schützen aus der Mulde auf eine Felsrippe heran und waren in ihrer weißen Tarnkleidung im Zwielicht des Morgens nur schwer zu erkennen, nur das Mündungsfeuer verriet sie. Langsam hellte sich der Morgen im Osten auf. Wir stellten das Feuer der MGs ein, die Munition hier oben war zu kostbar. Dafür traten Zielfernrohrschützen in Aktion. Wo sich über dem Firngrat nur ein Kopf zeigte, peitschte ein Schuß hin. Das feindliche Werferfeuer ließ nach. Die russischen Batterien im Bakssan-Tal und am Dongus Orun-Sattel hatten nicht eingegriffen. Erstaunlich war, daß an allen anderen Stützpunkten des Abschnitts lautlose Stille herrschte.

Um 5.00 Uhr griff ein Stoßtrupp der 9. Kompanie, am Osthang des Elbrus weit ausholend, die vom Feind besetzte Schneemulde von oben her an. Auf dem harten Blankeis, über Spalten und Brüche, war diese Umgehung eine große bergsteigerische Leistung. Ein wütendes russisches Gewehr- und MG-Feuer verriet, daß der Stoßtrupp entdeckt worden war. Dieser teilte über Funk mit, daß ein Angriff über die vom Feind eingesehenen Eishänge große Opfer fordern würde, zumal sich die Gebirgsjäger in ihren grauen Uniformen ohne Tarnbekleidung auf dem Gletscher zu deutlich abheben würden. Der Stoßtrupp erhielt daher den Auftrag, die erreichte Linie zu halten und zu verhindern, daß sich der Feind nach rückwärts durch den Bruch absetzen konnte.

Ein russischer Hilfswilliger in unseren Diensten erhielt den Auftrag, sich in Deckung so nahe als möglich an die feindliche Linie heranzupirschen und eine Aufforderung zur Übergabe zum Feind hinüberzurufen. Deutlich war zu hören, wie er seinen Landsleuten zurief und es war zu sehen, wie einige Russen über die Deckung krochen und sich zu unserem Dolmetscher begaben. Von rückwärts wurden sie von ihren eigenen Leuten mit wildem Gewehrfeuer beschossen.

Drei verwundete Russen brachte der Hilfswillige mit. Sie wurden sofort verhört und erklärten, daß die gegenüberliegende Feindgruppe, bestehend aus ausgesuchten Bergsteigern der sowjetischen Armee, unter Führung eines Oberleutnants stehe, von einem Kommissar begleitet werde und 102 Mann stark sei. Durch unser Feuer seien etwa 20 Mann während des Feuergefechts gefallen und mindestens ebensoviele durch Verwundung nicht mehr kampffähig. Der Oberleutnant sei überzeugt, daß ihre Lage hoffnungslos sei, aber der Kommissar lasse es nicht zu, daß sich die Gruppe ergeben würde.

Ein zweiter Stoßtrupp von uns war inzwischen vom Meterologenhaus her, nach Osten ausholend, gegen die Feindgruppe angesetzt worden, deren Stärke auch jetzt noch nach ihren Verlusten unsere Stützpunktbesatzung übertraf. Gleichzeitig wurde die Mulde wieder unter Granatwerferfeuer genommen und die beiden Stoßtrupps setzten zum Angriff an. Der Feind antwortete mit starkem Feuer, doch mit dem Einbruch der beiden Stoßtrupps in die von den Russen besetzte Schneemulde ergab sich der noch lebende Rest. Insgesamt wurden 57 Mann gefangengenommen, davon waren 40 verwundet und nur noch 17 Mann kampffähig, aber vollkommen erschöpft von den vorhergegangenen Anstrengungen. Unter den Verwundeten befand sich auch der Führer der Abteilung, ein Oberleutnant, der vor dem Krieg als Bergführer im Elbrushaus tätig gewesen war. Der Kommissar hatte erst noch den Oberleutnant durch einen Schuß schwer verwundet und dann beim Einbruch unserer Stoßtrupps Selbstmord begangen. Die Beute betrug außer Zielfernrohrgewehren und Maschinenpistolen noch 4 leichte MG und 2 schwere Granatwerfer mit entsprechender Munition.

Interessant waren die Aussagen des russischen Oberleutnants: Seine Abteilung, bestehend aus 102 bergerfahrenen Soldaten, hatte den Auftrag das Elbrushaus im Handstreich in Besitz zu nehmen. Über unsere Stärke war er sehr gut unterrichtet. Drei Nächte lang war die Abteilung, alle Waffen und Munition mit sich schleppend, von Norden her gegen den Elbrus-Ostgipfel angestiegen. Tagsüber hielt sie sich in Mulden und Gletscherbrüchen versteckt und hatte geruht. Vorgesehen war, daß der Überfall auf das Elbrushaus am 27. September abends um 23.00 Uhr erfolgen sollte. Alle am Elbrus-Hauptkamm befindlichen deutschen Stützpunkte wurden daher ab 21.00 Uhr mit starkem Feuer belegt, um uns dort zu binden und zu veranlassen, daß die im Elbrushaus befindliche Reserve eingesetzt werde. Unvorhergesehene Schwierigkeiten beim Durchstieg durch einen Glet-

scherbruch hatten den Anmarsch aber so verzögert, daß die Abteilung nicht wie vorgesehen am 27. September um 23.00 Uhr, sondern erst am 28. September um 4.00 Uhr den Angriff durchführen konnte. Dank der Aufmerksamkeit des MG-Postens am »Storchennest« war der Feind bereits bei seiner Bereitstellung im ersten Morgenlicht vom eigenen MG-Feuer gefaßt worden. Die durch MG- und Werferfeuer eingetretenen Verluste hatten dann die Kampfkraft der Russen geschwächt und der aufkommende Morgen ihr Absetzen unmöglich gemacht.
Am Nachmittag des 28. September überflogen russische Aufklärungsflugzeuge und Ratas mehrfach unsere Stellungen. Scheinbar suchten sie auf den ausgedehnten Gletschern nach der Abteilung, über deren Schicksal der Feind noch im Unklaren war. Den ganzen Tag hatte die russische Artillerie geschwiegen, erst am Abend lag ein Teil unserer Stellungen wieder unter Beschuß.
Nachsatz: Als Anfang Januar 1943 im Zuge der Absetzbewegungen aus dem Kaukasus auch das Elbrushaus geräumt werden mußte, wurde diese bedeutende Bauanlage im Hochgebirge nicht zerstört und in Ordnung wieder verlassen.

Die 4. Gebirgsdivision

(Auszug aus der Divisionsgeschichte von General a.D. Julius Braun)

Am 18. Juli 1942 kam der Befehl zum Abmarsch aus der bisherigen Stellung am Mius (Donez-Becken) nach Süden auf Rostow. Es sollte der direkte Weg in den Kaukasus werden.
Am 26. Juli überschritten die Teile der Division nach Durchmarsch durch das stark zerstörte Rostow den Don mittels Fähren und über die gerade fertig gewordene Pionier-Pontonbrücke sowie über die durch entschlossenen Zugriff der 125. Infanteriedivision fast unzerstörte, zur Insel Selgonyj führende Brücke in Richtung Bataisk, um dann wieder in die vordere Linie einzurücken. Der Feind setzte sich unter geschickter Ausnutzung zahlreicher, quer zur Angriffsrichtung der Division verlaufender Flußabschnitte ab. Der Übergang über den Kagalnik wurde verhältnismäßig rasch durch die beiden nebeneinander angesetzten verstärkten Gebirgsjägerregimenter 13 und 91 erzwungen. Dann ging die Verfolgung weiter zur Jeja. Die Gebirgsaufklärungsabteilung 94 blieb am 31. Juli an einer noch unzerstörten Brücke liegen. Das nachfolgende Gebirgsjägerregiment 91 glaubte, diesen Übergang mit seinem vordersten Bataillon bald nehmen zu können. Auch das Gebirgsjägerregiment 13 setzte in seinem Bewegungsstreifen zum gewaltsamen Übergang bei Leninsky an. Es gelang ihm auch, einen kleinen Brückenkopf zu bilden. Als beim Gebirgsjägerregiment 91 der angenommene Erfolg auf sich warten ließ, wurde das gesamte Gebirgsartillerieregiment 94 (ohne eine Abteilung) zur Erweiterung des Brückenkopfs beim Regiment 13 eingesetzt. Aber auch hier versteifte sich der feindliche Widerstand auf dem südlichen Steilufer erheblich. Trotz tapfersten Einsatzes der Jäger und Pioniere und großen Munitionseinsatzes bei der Artillerie und den schweren Infanteriewaffen blieb der Erfolg aus. Alle Blutopfer waren umsonst.

Die benachbarte 125. Infanteriedivision hatte mehr Glück und bei Kutschewskaja den Übergang erzwungen. Auf Antrag der Division genehmigte der Kommandierende General des XXXXIX. Gebirgs-Armeekorps (General Konrad) das Ausholen über die Brücke in Kutschewskaja, um aus dem dortigen Brückenkopf in Flanke und Rücken der noch am Jeja-Fluß haltenden Feindkräfte vorzustoßen. Hierbei entwickelten sich zwischen 1. und 5. August erneut schwere Kämpfe. Der Feind hatte das Ringen noch lange nicht aufgegeben. In wütenden Gegenangriffen versuchte er, die Jeja-Linie zu halten. Zum ersten Male erlebten die Jäger Angriffe aufgesessener feindlicher Kavallerie. Eine Kosakenbrigade, unterstützt durch leichte Panzer, attackierte das Regiment 91. Die Masse der Pferde, die in der Sonne blitzenden Kosakensäbel und das wilde »Urrä« machten einen gewaltigen Eindruck. Die Angriffe wurden jedoch unter schwersten Verlusten für den Feind abgewiesen. Teile der Kosakenbrigade kamen allerdings bis in die Linie der Jäger, bei denen sich gerade der Divisionskommandeur aufhielt. Einzelne Reiter brachen ins Hintergelände durch, wo sie von den Tragtierführern einer ahnungslos des Weges daherkommenden Kolonne des Regiments 13 unschädlich gemacht wurden.

Bei den anschließenden Bewegungen durch die Steppe kam es zu keinen ernsteren Kampfhandlungen mehr. Die Division marschierte in 2 Fußmarschgruppen, deren Gliederung sich seit langem bewährt hatte und sich auch aus der Zusammensetzung der Division von selbst ergab. Es waren jeweils unter der Führung der beiden Regimentskommandeure zusammengefaßt: 1 Gebirgsjägerregiment, 1 Gebirgsartillerieabteilung, 1 Gebirgspionierkompanie, 1 Gebirgssanitätskompanie und Teile der Gebirgsnachrichtenabteilung (Fußteile), dazu wahlweise die III. Abteilung des Artillerieregiments mit ihren 10,5 cm leichten Feldhaubitzen. Die Gebirgsaufklärungsabteilung 94 war entweder vor einer der zwei Regimentsgruppen oder wurde nachgeführt. Die mot. Teile der Division folgten sprungweise in mehreren mot. Marschgruppen. Feldersatzbataillon 94 und die Versorgungstruppen bildeten eigene Marschgruppen.

Am 6. August wurde die allgemeine Marschrichtung durch Abdrehen in Richtung auf das Kuban-Knie ostwärts Krapotkin geändert, das am 9. August bei Kasanskaja erreicht wurde. Es war unerträglich heiß, und die Stechmücken fielen bei Sonnenuntergang in ganzen Scharen über die ermüdeten Marschierer her. Zu dieser Zeit wurde der Ansatz der Division auf die Grusinische Heerstraße vorbereitet, nachdem bisher der Westkaukasus als Ziel vorgesehen war. Später mußte alles wieder geändert werden. Die Truppe bekam von diesem unklaren Hin und Her nichts zu spüren, sie marschierte trotz aller Beschwerden und Strapazen unentwegt weiter. Am 14. August wurde Armawir durchschritten.

Nun, nachdem die Ziele endgültig bekannt wurden, begann ein wahres Rennen zum Gebirge. Neben der Vorausabteilung der Division bildeten die Regimenter selbständige Vorausabteilungen. Lkw's wurden abgeladen und mit Gebirgsjägern und Tragtieren besetzt. Der Feind wich weiter planmäßig aus. Zwei Tage später waren Achmetowskaja (Regiment 91) und Selentschukskaja (Regiment 13) und damit der Gebirgsrand des Hochkaukasus erreicht.

Nun war endlich der große Einsatz in greifbare Nähe gerückt. Der Kampf im Hochgebirge — und in was für einem — für eine Gebirgsdivision! Auf diesen Zeitpunkt war von Anfang an das Sinnen und Trachten des Divisionskommandeurs und aller Angehörigen der Division gerichtet gewesen. Alles war getan worden, um durch richtige Ausbildung, geeigneten personellen Ersatz und zweckmäßige Ausrüstung allen Anforderungen eines Krieges im Hochgebirge gerecht zu werden.

Nach der Erholungspause in der Mius-Stellung war die Division wieder in vollkampffähigem Zustand angetreten. Nun, beim Erreichen des Kaukasus, hatte sich schon wieder eine gewaltige Veränderung vollzogen. Die schweren Verfolgungskämpfe zwischen Don und Kuban hatten erhebliche Opfer gekostet. Besonders schmerzlich war, daß dabei so zahlreiche wackere Obergefreite und erfahrene Gebirgler ausgefallen waren, deren Fehlen hier, wo es weit mehr noch als in den Ebenen gerade auf den Einzelkämpfer ankommen würde, stark fühlbar wurde. Auch unter den unentbehrlichen Tragtieren hatten feindliche Artillerie und Flieger gewaltige Verluste gekostet. Die Gefechtsstaffeln waren wohl alle noch voll beweglich, aber die Versorgungsstaffeln waren schon derartig dezimiert, daß zu besonderen Maßnahmen gegriffen werden mußte. Beim Gebirgsjägerregiment 91 mußte ein ganzes Bataillon »stillgelegt« werden, um mit seinen Tragtieren die Versorgung der beiden anderen Bataillone sicherzustellen. Durch die Länge der zu erwartenden Versorgungswege bedingt, wurden bei allen Truppenteilen Pferde aus dem Lande eingestellt und mit teilweise selber hergestellten Behelfssätteln ausgestattet. Der Bestand an hilfswilligen Trägern durch einheimische Landesbewohner und Gefangene als Träger und Tragtierführer bei der Truppe stieg bald sprunghaft an. Neben diesen Maßnahmen, die von der fechtenden Truppe unmittelbar durchgeführt wurden, hatte der 2. Generalstabsoffizier der Division, (zuständig für Versorgung) unterstützt durch seine Sachbearbeiter, die notwendigen Vorbereitungen für den Gesamtnachschub begonnen. Wer weiß, welche Mengen an Fahrzeugen, Tragtieren und Trägern für die Versorgung einer im Hochgebirge kämpfenden Truppe erforderlich sind, kann einigermaßen ermessen, welche Tatkraft und Einsatzfreudigkeit von den Versorgungstruppen der Division aufgewendet werden mußten.

Das XXXXIX. Gebirgs-Armeekorps hatte der Division den Auftrag erteilt, über die Pässe des Hauptkammes auf die Hafenstadt Suchum am Schwarzen Meer vorzustoßen.

Daraufhin wurde das Gebirgsjägerregiment 91 von Achmetowskaja durch das Bolschaja Laba-Tal auf den Ssantscharo (2726 m) und Allistrachu-Paß (2728 m), das Gebirgsjägerregiment 13 von Selentschukskaja über Archys auf den Adsapsch-Paß (2579 m) angesetzt. In der »Niederdorf« benannten Kleinsiedlung im Bolschaja Laba-Tal trafen sich die Vorhutbataillone III./91 und II./13. der beiden Regimenter. Unter Führung des Kommandeurs des Regiments 91, Oberst v. Stettner, setzten beide Bataillone dann den Angriff fort, während die beiden anderen Bataillone des Regiments 13 als 2. Welle unter ihrem Regimentskommandeur Oberstleutnant Buchner* nachfolgen sollten. Vom Regiment 91, dessen III. Bataillon bereits bei der 1. Angriffwelle war, mußte das II. Bataillon als Korpsreserve abgezweigt werden, während das I. Bataillon infolge starker Tragtierverluste und -abgaben unbeweglich geworden war.

Am 23. August erreichte das II./13 ohne Feindberührung den Adsapsch-Paß, während das III./91 vor dem Ssantscharo- und Allistrachu-Paß auf stärkeren Widerstand stieß. Erst am Mittag des 25. August wurde der Ssantscharo-Paß vom III./91

---

*) nicht identisch mit dem Verfasser

genommen. Beide Bataillone stießen dem Feind nach, und am Abend hatte das III./91 nach hartem Kampf auch den Allistrachu-Paß in der Hand. Drei wichtige Pässe über den Hauptkamm des Hochkaukasus waren damit im Besitz der Division.

Am 26. August war das III./91 zum Angriff auf den Tchamaschcha-Paß (2055 m) angetreten, das II./13 hatte eine feindbesetzte kleine Siedlung im Pechu-Tal genommen, die derart mitten im Gebirge gelegen war, daß sie auch in Friedenszeiten durch Kleinflugzeuge versorgt werden mußte (von den Jägern »Einödsbach« getauft).

In dieser Linie erhielt die Division vom Korps den Befehl, 1 Regimentsstab mit 2 Gebirgsjägerbataillonen mit folgendem Auftrag aus der Hauptstoßrichtung abzuzweigen: Vorstoß über den Umpyrski-Paß in das Malaja Laba-Tal, sodann Inbesitznahme des Aischcha-Passes (1800 m) zur Schaffung von Voraussetzungen eines Vorstoßes auf die Küstenstadt Adler für eine neu heranzuführende Kräftegruppe. Diese Aufgabe erhielt das Regiment 13 (ohne II. Bataillon). Die bisherige Korpsreserve (II./91) wurde der Division wieder zur Verfügung gestellt.

Dadurch wurde die Division in zwei sich immer mehr voneinander entfernende Kampfgruppen zerrissen. Die Wucht des Vorstoßes auf Suchum war entscheidend beeinträchtigt worden. Trotzdem ging es am 28. August bei der Kampfgruppe v. Stettner nochmals gewaltig vorwärts. Das III./91 war bereits im Vorgehen gegen den Achiboch-Paß (1600 m) auf dem nächsten Gebirgskamm, dem letzten vor dem Schwarzen Meer. Die vorderste (12.) Kompanie nahm ihn trotz des steilen Anstiegs im Laufschritt und wehrte einen Angriff des bereits von der anderen Seite her aufsteigenden Gegners ab. Suchum und das Schwarze Meer lagen in 22 Kilometer Luftlinienentfernung zu Füßen des Bataillons, das bereits das Meer sehen konnte und in den nächsten Tagen schweres Geschützfeuer von einem russischen Kreuzer erhielt. Nur noch knapp zwei Tage wären es bis zur Küste gewesen. Trotz starker feindlicher Tag- und Nachtangriffe wurde der Paß vorerst gehalten.

Das II./13 hatte inzwischen den Feind in ausgebauten Stellungen im Bsyb-Tal umfassend angegriffen, ihn zurückgeworfen und eine Brücke über den Bsyb im Sturm genommen, konnte aber den benachbarten Atschawchar-Paß (1389 m), der hartnäckig verteidigt wurde, nicht mehr nehmen. Dann versteifte sich der Feindwiderstand überall. Es handelte sich um neu aus Suchum herangeführte Kräfte. Die beiden vordersten Bataillone der Gruppe v. Stettner mußten zur Abwehr übergehen, es fehlte an Verstärkungen und dem dringend benötigten Nachschub für den letzten Sprung. Es war beabsichtigt, nach Zuführung von Verstärkungen (I./91) den Angriff wieder aufzunehmen.

Drei Tage lang änderte sich die Lage bei der Gruppe v. Stettner kaum. Dann aber wurde der Feind aktiver und drückte in den Flanken der weit vorgestaffelten Kampfgruppe vor. Diese mußte zunächst den Achiboch-Paß wieder räumen und hinter den Bsyb zurückgehen. Zudem mehrten sich die Verluste durch Beschuß und ständige Fliegerangriffe, besonders im Tal von »Einödsbach«. Die Gefahr, dort völlig umgangen und abgeschnitten zu werden, wuchs. Die Heranführung der nächsten Bataillone (I. und II./91) dauerte auf den unwegsamen Gebirgspfaden zu lange. Auch mußten die genommenen Hauptpässe gesichert und besetzt bleiben. Unter diesen Umständen entschloß sich die Division, die Kampfgruppe v. Stettner am 8. September wieder auf den Hauptkamm zurückzunehmen. Der Angriff wurde in dieser Richtung endgültig eingestellt, die Division ging auf dem Hauptkamm zur Verteidigung über. In Kürze sollte bereits ein Regiment herausgelöst und zu anderer Verwendung abgegeben werden.

Die Kampfgruppe Buchner (Regiment 13 ohne II. Bataillon) hatte unterdessen am 29. August den Umpysrki-Paß (2522 m) im Sturm genommen und war sodann ins Malaja Laba-Tal nachgedrungen. Von dort fühlte das I./13 im Tal nach Süden sowie nach Westen gegen den Mastakan-Paß (2300 m) weiter vor, der am 1. September besetzt wurde, dann jedoch von einer unerkannt im Gebirge vorgestoßenen Feindgruppe genommen und abermals von Teilen der Gebirgsaufklärungsabteilung 94 und Feldersatzbataillon 94 erstürmt werden mußte. Am 8. September wurde der Regimentsstab und das III./13 wieder zur Division herangezogen, um zur Verteidigung der Hauptpässe mit eingesetzt zu werden. Aber es sollte nicht mehr dazu kommen. Das I./13 blieb vorerst weiter zur Sicherung am Ende des Malaja Laba-Tales vor dem Aischcha-Paß.

Ein letzter Vorstoß über den Mastakan-Paß und das Uruschten-Tal erfolgte noch vom 6. bis 8. Oktober durch das III./91 und Feldersatzbataillon 94 gegen den Psseaschcha-Paß (2010 m), der aber gegen hartnäckigen Feindwiderstand nicht mehr erreicht werden konnte.

Damit waren alle Angriffsbewegungen und Vorstöße der Division im Hochkaukasus zu Ende. Ab Mitte September mußte die Masse des Gebirgsjägerregiments 13 herausgelöst und der neugebildeten »Division Lanz« im Waldkaukasus unterstellt werden. In der zweiten Novemberhälfte wurden dann weitere Teile der Division (I./13, I. und III./91) aus ihren Hochgebirgsabschnitten herausgelöst und als Verstärkung zur »Division Lanz« verlegt. Die restlichen Divisionsteile richteten sich auf dem Hauptkamm und unter Sperrung der wichtigsten Täler für den kommenden Hochgebirgswinter ein. Wege und Steige wurden angelegt oder ausgebessert, Unterkünfte und Versorgungsstützpunkte gebaut und angelegt. Zur normalen Versorgung kam eine besondere Winterbevorratung für 4 Wochen. Bis Anfang Januar 1943 wurde diese Front von folgenden Kräften gehalten:

Hauptpässe II./91, Malaja Laba-Tal Feldersatzbataillon 94, Uruschten-Tal Aufklärungsabteilung 94, unterstützt von der II./Gebirgsartillerieregiment 94, alle zusammengefaßt zur Gruppe Adrian.

Hier kam es bis zum Eintritt des Hochwinters mit Kälte und tiefem Schnee noch zu Feindangriffen, Stoßtruppunternehmen und Spähtrupptätigkeit.

Nachdem die Masse der 1. Gebirgsdivision und mit ihr das Gebirgsjägerregiment 13 (ohne I. Bataillon) bereits aus der Hochgebirgsfront herausgelöst und in den Waldkaukasus abmarschiert war, mußte die Division auch noch den Abschnitt der 1. Gebirgsdivision mit übernehmen, in dem nur noch das Gebirgsjägerregiment 99 mit 2 Bataillonen (II. und III./99), Hochgebirgsbataillon 2 und I./Gebirgsartillerieregiment 79 als Gruppe v. Le Suire zurückgeblieben waren. Damit wurde der Gesamtabschnitt der 4. Gebirgsdivision führungsmäßig und versorgungsmäßig über 100 Kilometer breit und umfaßte zu großen Teilen nur schwer gangbare Einzelabschnitte.

Westkaukasus

Über den Angriff im Westkaukasus enthält die Divisionsgeschichte der 4. Gebirgsdivision keine weiteren Angaben.

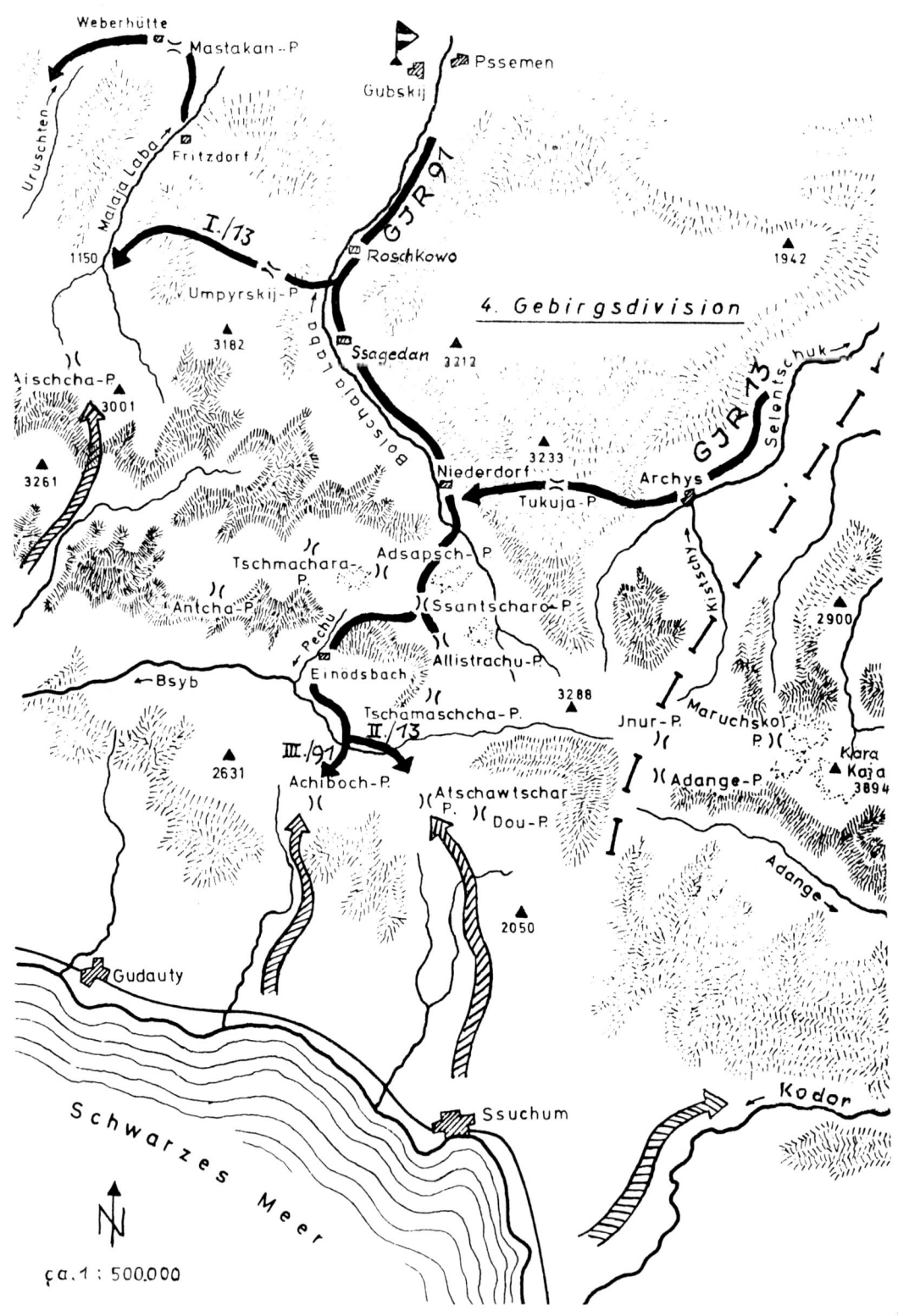

Einsatz der 4. Gebirgsdivision im Sommer 1942

Einzelberichte

Vormarsch des Gebirgsjägerbataillons 94 in den Kaukasus
(nach Tagebuchaufzeichnungen des Verfassers)

Abmarsch aus der Glychaja(Mius-)stellung am 20. Juli 1942

		Kilometer
20.7.	Sneshnoje — Sarany	16
21.7.	Sarany — Uspenskaja	30
22.7.	Uspenskaja — Kulik	38
23.7.	Kulik — Pokrowskoje	18
24.7.	Pokrowskoje — Sushenoje	11
25.7.	Sushenoje — Lodjanoje	11
26.7.	Lodjanoje — Tschaltyr	38
27.7.	Tschaltyr — Rostow	21
28.7.—	Zwei zwangsweise Ruhetage in Rostow, da die Kriegsbrücke	—
29.7.	über den Don ständig überfüllt war	—
30.7.	Rostow — Koissug	20
31.7.	Koissug — Birjutschij	38
1.8.	Birjutschij — Krassnoje	20
2.8.	Krassnoje — Kutschewskaja	23
3.8.	Kutschewskaja — Nardeskin	15
4.8.	Gefechtstag bei Nardeskin	—
5.8.	Nardeskin — Pscherwonnaja	12
6.8.	Pscherwonnaja — Kissliakowskaja	34
7.8.	Kissliakowskaja — Pawlowskaja	44
8.8.	Rasttag	—
9.8.	Pawlowskaja — Tichorezk	40
10.8.	Tichorezk — Otradnaja	30
11.8.	Otradnaja — Kasanskaja	40
12.8.	Rasttag	—
13.8.	Kasanskaja — Temishbekskaja	40
14.8.	Temishbekskaja — Grigoripolishkaja	30
15.8.	Grigoripolishkaja — Ljanin	20
16.8.	Ljanin — Steblizki	30
17.8.	Steblizki — Besskorbnaja	35
18.8.	Besskorbnaja — Otradnaja	35
19.8.	Otradnaja — Udobnaja	22
20.8.	Udobnaja — Peredowaja	32
21.8.	Rasttag	—
22.8.	Peredowaja — Nowo Isprawinski	28
23.8.	Nowo Isprawinski — Selentschukskaja	12

Es wurden bei 35 Tagen mit 5 Ruhetagen und 1 Gefechtstag insgesamt 784 Kilometer zurückgelegt, dies entspricht einem täglichen Durchschnitt von 27 Kilometer. Dabei führten die Märsche großteils durch eintönige, schattenlose und wasserarme Steppe bei ständigen Hitzetemperaturen bis über 40 Grad.

Nachschub- und Versorgungsschwierigkeiten
(aus dem Kriegstagebuch der 4. Gebirgsdivision)

In jenen Tagen des Angriffs belasteten die Schwierigkeiten des Nachschubs die Führung der Division oft noch schwerer als die taktische Lage. Für die Division wurde zur Hauptschlagader der Versorgung das Bolschaja Laba-Tal. Hier hatten die vordringenden Teile des Gebirgsjägerregiments 91 bereits die Anfänge einer Organisation geschaffen. Allerdings hinderten 4 zerstörte Hängebrücken über den tiefen und reißenden Fluß sowie ein 3 Kilometer langer Bergrutsch anfänglich jeden geregelten Nachschubbetrieb. Auch mußten große Wegstrecken, besonders auf die Hochpässe, erst durch Instandsetzung und Ausbau für Tragtiere und Träger voll gangbar gemacht werden.

In den folgenden Wochen und Monaten entstand so in unermüdlichen, rastlosen Arbeiten die wichtigste und längste »S«-Linie. Sie begann ab der vor den Bergen liegenden Versorgungs- und Talbasis Pssebaiskaja (der letzte größere Ort mit etwa 3000 Einwohnern mit Eisenbahnendpunkt) und zog sich auf einem 116 Kilometer langen Weg vor an die Front. Auf dieser Strecke wurden zur Zeit des weitesten Vorstoßes allmählich 4 einzelne Stützpunkte und 6 Umschlagplätze angelegt sowie 9 größere Brücken und Stege von den Gebirgspionieren errichtet. Von Pssebaiskaja (815 m) nach Stützpunkt S (Roschkowo) konnten noch Lkw im Einbahnverkehr diese 30 Kilometer bewältigen. Von S bis SI (Ssagedan) (1421 m) verkehrten auf der 24 Kilometer langen Strecke Bespannfahrzeuge und Karetten unter Einschaltung einer Seilbahn über einen Bergrutsch zwischen den Brücken II und III. Bis S 2 (»Niederdorf«) zogen auf den 17 Kilometern Ochsenfuhrwerke, später verstärkt durch Kettenkradkolonnen. Die nächsten 15 Kilometer bis S 3 (1564 m) konnten nur noch Tragtiere marschieren. Schließlich mußten die letzten 25 Kilometer über S 4 (Adsapsch Paß, 2579 m) nach S 5 (»Einödsbach«) im Pechu-Tal bis Punkt 540 Trägerkolonnen hochklettern und wieder absteigen. Im Bsyb-Tal übernahmen dann wieder Tragtiere die Versorgungsgüter für die um die letzten Südpässe kämpfenden Einheiten.

Die einfache Marschzeit für die Gesamtstrecke betrug etwas über 4 Tage. Dabei mußte ein reiner Höhenunterschied von mehr als 1800 Meter überwunden werden. — Wenn auch nach der Zurücknahme der vordersten Divisionsteile auf den Hauptkamm diese längste Versorgungslinie später wesentlich verkürzt werden konnte, so machten doch an anderer Stelle geführte neue Vorstöße (z.B. im Malaja Laba-Tal und Uruschten-Tal) den Aufbau neuer Nachschublinien notwendig. Insgesamt hatte die Division während ihrer Kämpfe 500 Kilometer Nachschubwege mitten in einem völlig unerschlossenen Gebirge zu bewältigen, und unter schwierigsten Weg-, Witterungs- und Transportbedingungen täglich 30 t Versorgungsgüter an die einzelnen Frontabschnitte zu befördern. Und dies mit Ausnahme von Kettenkrädern ohne jegliches mot. Fahrzeug, also nur — soweit noch möglich — mit Bespannfahrzeugen, Tragtieren und Trägern. Die planmäßigen Versorgungseinheiten der Division waren dazu nie in der Lage. So mußte improvisiert werden. 200 Ochsengespanne, 2000 Tragtiere bzw. -pferde und 900 Träger wurden zusätzlich aus dem Land mobilisiert. Dazu kamen noch 3 mil. Kettenkradkolonnen.

Wie sehr die vorn kämpfende Truppe eine dringend nötige und geregelte Versorgung forderte, zeigen folgende Funkmeldungen der Kampfgruppe v. Stettner (II./13 und III./91): vom 28. August:
»12.10 Uhr: Bisher noch keine Munition eingetroffen. Rascher Nachschub dringend erforderlich. 13.35 Uhr: Schickt Munition, Brot und Futter! 17.30 Uhr: Dringend Munition erbeten. Wird keine Munition nachgeschoben, gerät die Kampfgruppe in eine mißliche Lage.«

Wie sich aber bei den täglichen strapazenreichen Märschen der Tragtierbestand lichtete, auch dafür einige Angaben: In den 8 Kampftagen um die Südpässe gingen beim III./91 60 Tragtiere durch Erschöpfung zugrunde. Die Verluste der Gruppe v. Stettner im Pechu-Tal betrugen 106 Tiere durch feindliche Bombenangriffe. Auf der besonders schwierig begehbaren Versorgungslinie in das Malaja Laba-Tal war mit einem täglichen Ausfall von 30 Tragtieren zu rechnen, die auf den schmalen Steigen niederbrachen oder in Schluchten und Abgründe stürzten.

Nicht minder zu leiden hatten die Träger, deren Kolonnen infolge von Abstürzen, Erfrierungen, tödlicher Erschöpfung und schweren Erkältungskrankheiten ebenfalls täglich dezimiert wurden. Sie waren oft bis auf die Haut vom Regen durchnäßt, ständig in Schweiß gebadet durch die schweren, zu schleppenden Lasten, ohne ausreichende Möglichkeiten, sich zu trocknen und zu wärmen. Bei nahezu ständig kalter Kost maschierten sie in Hitze, Regen, Sturm, Gewitter, Nebel und später Schnee, kletterten mit zerrissenen Schuhen und wunden Füßen Tag für Tag die steilen Paßpfade hoch und in die urwaldartig verwachsenen Bergtäler hinab.

Große Mängel wiesen auch die an den Versorgungslinien liegenden einzelnen Stützpunkte und Zwischenstationen auf, in denen der jeweilige Umschlag, die Aufteilung und Zwischenlagerung der Güter für die einzelnen Kampfgruppen und Frontabschnitte erfolgte. Da die Pioniereinheiten ständig mit dringenden Wegearbeiten beschäftigt waren, ging der Stützpunktausbau nur langsam voran. Wie es z.B. Ende Oktober noch auf S 2 aussah, berichtete am 21. Oktober deren Leiter:

»Auf S 2 herrschen Nebel, Regen- und Schneeschauer. Weit und breit ist ringsum der Boden zerfahren und zertrampelt vom ewigen Durchgangsverkehr, ein Morast — unbeschreiblich. Zwar sind einige Blockhäuser im Bau, trotzdem müssen noch viele Tragtierführer und Träger, die hier stationiert sind, in Zelten schlafen, viele sogar trotz Schnee und Kälte völlig im Freien biwakieren. Verpflegung kommt jetzt genug vor, doch in einem unmöglichen Zustand. Tagelang sind die Lasten strömendem Regen ausgesetzt, Brot, Dörrgemüse, Kartoffeln usw. sind völlig aufgeweicht. Fett, Zucker und Salz schmelzen weg. Es fehlt noch immer an geeigneten Unterbringungsräumen bis zum Weitertransport.«*

Wetter und Feind verschärften die schwierige Versorgungslage der Division noch mehr. Ein plötzlicher Wettersturz am 30. August mit starken Gewittern und strömendem Regen verwandelte die Bergtäler über Nacht in einen einzigen Schlamm und Sumpf. Brücken und Stege wurden durch die gewaltig angeschwollenen Fluten weggerissen und abgeschwemmt. Tagelang stockte der gesamte Verkehr.

---

*) Grundsätzlich mußte — bei der 4. wie 1. Gebirgsdivision — die gesamte Truppe in den Bergen wochen- und monatelang selbst kochen, da die Feldküchen nur bis zu den letzten Orten in den Bergen folgen konnten.

Auf den Bergen fiel bereits am 1. September über 2200 Meter der erste Schnee. Mit dem Wintereinbruch auch in den tieferen Lagen konnten bei Kälte, Schneestürmen und hohen Verwehungen nur noch Träger eingesetzt werden. Die restlos verbrauchten Tragtiere und Panjepferde mußten jetzt endgültig zurückgezogen werden, da sie nur noch bei höchstens 40 cm Schnee marschieren konnten.

Auch der Feind tat alles, um die Versorgung zu stören und zu unterbrechen, versuchte durch in den Bergwäldern eingesickerte Trupps die Nachschubwege zu unterbrechen oder durch regelmäßige Luftangriffe mit Bomben und Bordwaffen die Versorgungskolonnen zu treffen.

Mit den Verwundeten sah es ähnlich aus. Obwohl Operationsgruppen und Sanitätsstützpunkte möglichst weit vorgeschoben wurden, blieben die Verhältnisse arg genug.

Wer vorne auf den Pässen oder in den Bergwäldern verwundet wurde, hatte einen Leidensweg ohnegleichen vor sich. Bis S 2 mußten in zwei- bis viertägigen Märschen die Schwerverwundeten durch Träger zurückgebracht werden, wobei zum Abtransport meist gefangene Russen mit deutscher Begleitung eingesetzt wurden. Mit den schwankenden Bahren ging es rutschend, gleitend und stürzend bergauf und bergab. Manchmal fielen die Verwundeten bei schwierigen Übergängen in die schäumenden Bergwasser und mußten mühsam wieder geborgen werden. So ging es von Stützpunkt zu Stützpunkt, wo die schwergetroffenen Männer in nassen Zelten oder dunklen Blockhäusern lagen, weiter versorgt und weitertransportiert wurden. Ab S 2 verkehrten bei schönem Wetter einige Fieseler Störche, die je zwei und zwei Schwerverwundete abholten, die aber im Winter nicht mehr einsatzfähig waren.

Leichtverwundete und Kranke — und hierzu zählte, wer noch irgendwie laufen konnte — mußten selbst tagelang aus den Bergen zurückmarschieren, bis das Feldlazarett der Division in Pssebaiskaja erreicht war. Um auch hier nur zwei Beispiele zu nennen:

Tagebuchnotiz des Feldwebels Prechtl, II./91:

»5. Oktober 1942 — Ablösung am Felsspitz (»Matterhorn«). Schon nach kurzer Zeit wurden die Russen rührig und begannen mit Granatwerfern zu schießen. Bei einem Volltreffer wurde ich schwer verwundet. Ein Abtransport mit Trägern war nicht möglich, da das Gelände zu schwierig war. So versuchte ich selbst, mit einem Stock bergab zu klettern. Es gelang mir, in zwei Stunden den Stützpunkt der Kompanie zu erreichen, wo mir der dortige Arzt die erreichbaren Splitter herausholte. Ich blieb dann auf dem Stützpunkt, bis ein Abtransport auf Tragen durch gefangene Russen nach »Niederdorf« auf den HV-Platz erfolgen konnte. Dort wurde ich sofort operiert und mußte warten, bis ein Flugzeug kam. Am 17. Oktober wurde ich mit einem Fieseler Storch nach Kaladhinskaja ins Lazarett gebracht.«

Bericht des Gefreiten Zech der 12./91, der am 8. Oktober im Uruschten-Tal verwundet wurde:

»Zwischen 17.00 und 18.00 Uhr zerriß mir ein Querschläger den rechten Oberschenkel. Ich verband mich notdürftig selbst, dann zogen mich Kameraden vorsichtig auf einer Zeltbahn von der Felsecke zurück. Anschließend wurde ich drei Stunden lang einen schmalen Talpfad hinabgeschleppt, wobei es wiederholt über noch nicht beseitigte Baumsperren ging. In einer Blockhütte erhielt ich eine Spritze gegen Wundstarrkrampf. Am nächsten Tag gegen 7.00 Uhr wurde ein größerer Transport von 10 bis 14 Schwerverwundeten zusammengestellt. Auf Behelfsbahren aus Ästen und Zeltbahnen trugen uns russische Gefangene mit zwei deutschen Begleitern 15 Stunden über den Stützpunkt »Weberhütte« nach Stützpunkt M 1. Dort wurde mir auf einer Tragbahre im Schein einer Karbidlampe das rechte Bein amputiert. Nach einem Tag Wartezeit kam ein Fieseler Storch, konnte aber nicht landen. Gegen Mittag des 11. Oktober wurde ich mit sechs anderen Kameraden in siebenstündigem Marsch nach dem Stützpunkt U getragen. Am nächsten Tag kamen wir nach 10 Stunden Tragemarsch bis dicht vor den Stützpunkt M, wo in der einbrechenden Dunkelheit am Beginn der Straße Sankas warteten, die uns dann nach 5 Tagen in das Feldlazarett nach Pssebaiskaja brachten.«

Verteidigung auf den Hochpässen
(aus einem Gefechtsbericht des Gebirgsjägerregiments 91)

Anfang Oktober flammte der Bergkampf im Abschnitt des Regiments nochmals zu voller Heftigkeit auf. In immer neuen Vorstößen und Unternehmungen suchte sich der Feind in den Besitz der Hochpässe zu setzen. Adsapsch-(2579 m), Ssantscharo-Paß (2726 m) und vor allem die »Matterhorn«-Stellung ostwärts des Allistrachu wurden zu Brennpunkten des Abwehrkampfes.

Nachdem am 30.9. abends das überraschende Vorbrechen von etwa 50 Russen gegen den Adsapsch-Paß vereitelt wurde, versuchte der Feind tags darauf in den Scharten des Osthanges zum »Matterhorn« aufzusteigen. Der 30 Mann starke Stoßtrupp wurde jedoch unter Verlust von 15 Toten abgewehrt.

Am 2. Oktober erfolgte noch in völliger Dunkelheit um 4.15 Uhr ein Feindvorstoß von ca. 40 bis 50 Mann auf den Grat westlich des Adsapsch, der unter Verlust von 30 Mann zurückgeschlagen wurde. Um 5.00 Uhr erfolgte ein neuerlicher Vorstoß auf den Südhang des »Matterhorns«. Am nächsten Tag gingen die Angriffe in den bisherigen Richtungen fort. Gegen 2.45 Uhr noch in den Nachtstunden war wiederum der Grat westlich des Adsapsch's das Ziel, am späten Abend das »Matterhorn« (2310 m). Der 4. Oktober brachte frühmorgens ein neuerliches Unternehmen in Zugstärke gegen den Adsapsch-Grat. Am Nachmittag gegen 15.00 Uhr kletterte nach lebhaftem Scharfschützen- und Granatwerferfeuer ein russischer Stoßtrupp von annähernd 20 Mann gegen den beherrschenden »Matterhorn«-Gipfel, wurde wieder abgeschlagen und ließ 8 Tote in den Felshängen zurück.

Das Ziel aller dieser Vorstöße war offensichtlich: Der Feind versuchte erst vor weiteren Angriffen die beherrschenden Punkte der deutschen Stellungen in Besitz zu bringen, um von hier aus ausgezeichnete Beobachtungsstellen zu gewinnen.

Der 5. Oktober wurde zum Großkampftag. In wiederholten stärkeren Angriffen suchten die Sowjets einen größeren Erfolg zu erzwingen. Diesmal stürmten sie frontal unmittelbar gegen die Pässe an. Schon im Morgengrauen mußte das II./91 den ersten Stoß gegen den Allistrachu (2728 m) abwehren. Auch zwei spätere Angriffe gegen den Ssantscharo blieben vergeblich. Beim I./91 entstand vorübergehend eine kritische Lage. Hier war es um 4.30 Uhr einer Feindgruppe von etwa 60 Mann im Schutz des dichten Nebels gelungen, überraschend auf dem Kamm ostwärts des Adsapsch's einzubrechen. Noch bevor sich die Russen fest einnisten konnten, wurden sie schon im raschen Gegenstoß örtlicher Reserven geworfen und ließen 20 Tote und 7 Gefangene zurück. Gegen Mittag griff ein feindlicher Stoßtrupp nochmals das »Matterhorn« an und wurde dabei fast völlig aufgerieben. Enttäuscht über seine vergeblichen Bemühungen legte der Feind besonders auf den Abschnitt des II./91 heftiges Geschütz- und Granatwerferfeuer, das sich in den nächsten Tagen noch erheblich steigerte. Am Nachmittag wurde auch erstmals der Nachschubweg an den Nordhängen beschossen, während sowjetische Kampfflieger mit Bomben und Bordwaffenbeschuß die Bergstellungen belegten.

Beobachtete Feindverschiebungen, Ansammlungen und Versorgungsverkehr von Pkt. 2146 in Richtung Tschamaschcha-Paß sowie Ansammlungen dort in Bataillonsstärke ließen eindeutig auf eine Fortsetzung der Angriffe vor dem II. Bataillon schließen. Nachdem die Nacht über wiederholter Granatwerferbeschuß auf dem Ssantscharo gelegen hatte, kletterte am 6. Oktober um 3.30 Uhr eine russische Kompanie mit etwa 60 Mann gegen den Paß herauf, wurde aber unter Verlust von 12 Toten und 15 Verwundeten von den aufmerksamen Verteidigern zurückgeschlagen. Um 6.00 Uhr folgte der Angriff einer weiteren Kompanie gegen die Felshänge westlich des Passes. Dann ging den ganzen Vormittag über wieder starkes Feuer aus Werfern und Geschützen auf die Stellungen nieder. Allein auf dem Ssantscharo schlugen 110 Granaten vom Kaliber 7,62 cm ein. Inzwischen hatte sich der Feind auch besser eingeschossen und seine Granaten fuhren nicht mehr über die Grate und Kämme hinweg. Besonders gefährlich wurden neben den zahlreichen Granatwerfern die feindlichen Scharfschützen, die sich überall geschickt einzeln herauf arbeiteten und hinter Geröll, Felsrippen und Steinblöcken auf der Lauer lagen.

Der 7. Oktober brachte schon in aller Frühe die Fortsetzung des erbitterten Hochgebirgskampfes. Erneut versuchte ein Stoßtrupp gegen das »Matterhorn« hochzuklimmen, um endlich diesen wichtigen Gipfel zu nehmen. Um die Besatzungen der Hauptstellungen niederzuhalten, feuerte die feindliche Artillerie auf den Allistrachu. Um 6.00, 8.15 und 11.00 Uhr wurde durch Fliegerangriffe der ganze Abschnitt des II. Bataillons bombardiert, ohne dabei allerdings große Wirkung zu erzielen. Um bedrohlich nahe feindliche Bereitstellungen zu zerschlagen, die durch das Feuer der eigenen schweren Waffen nicht gefaßt werden konnten, und um ebenso die gut eingenisteten russischen Scharfschützen auszuheben, trat das II./91 zu überraschenden Gegenstößen an. Noch am Vormittag wurde vor dem Ssantscharo eine Feindgruppe nach kurzem scharfen Gefecht geschlagen und dabei 21 Gefangene gemacht. Auch ostwärts des Allistrachu wurde eine Gruppe zersprengt und dabei 8 Gefangene eingebracht. Trotzdem konnten diese eigenen Unternehmen nicht verhindern, daß die Russen weiterhin hartnäckig anstürmten. So lief am Nachmittag ein zweistündiger Angriff in Kompaniestärke gegen den

Allistrachu, der nur nach hartem Kampf abgewehrt werden konnte. Neben diesen fortgesetzten Vorstößen taten die feindliche Artillerie und Luftwaffe alles, um die verteidigenden Jäger in ihren Felsstellungen niederzuhalten und in Deckung zu zwingen...

Der Angriff im Waldgebirge des Westkaukasus im Herbst 1942 (»Division Lanz«)

(nach Unterlagen des Verfassers)

Nach der Einstellung des Angriffs im Hochkaukasus und dem Zurückgehen auf die Hauptpässe zur Verteidigung wurden Anfang September Truppeneinheiten aus der Hochgebirgsfront herausgelöst und unter Führung des Kommandeurs der 1. Gebirgsdivision (General Lanz) zu einer kombinierten »Division Lanz« zusammengestellt (1/2 1. und 1/2 4. Gebirgsdivision). Die Division bestand also aus dem Gebirgsjägerregiment 98 unter Oberstleutnant Salminger (dann Lawall) und dem Gebirgsjägerregiment 13 unter Oberst Buchner*, zunächst verstärkt noch durch das Hochgebirgsbataillon 1, später durch weitere Teile der 4. Gebirgsdivision. Aufgabe dieser neu formierten Division Lanz unter der Befehlsführung des XXXXIX. Gebirgs-Armeekorps (General Konrad) und eingesetzt zwischen der 46. Infanteriedivision links und der 97. Jägerdivision rechts sollte es sein, als Stoßkeil dem bislang steckengebliebenen Angriff durch den Waldkaukasus gegen die Schwarzmeerküste in einer neuen Operation vorwärtszuhelfen und den Durchbruch auf Tuapse mit der Küstenstraße nach Suchum zu erzielen. Die Division Lanz näherte sich auf ihrem Weg in den neuen Einsatzraum am 19. September in mehreren Marschgruppen der Stadt Maikop und rückte weiter in den Raum Neftegorsk — Neftjanaja. Der Auftrag für die Division lautete zunächst, Gaiman- und Gunai-Berg zu nehmen und dann in Richtung Schaumjan einzudrehen, um dadurch den feindverteidigten Goitsch-Paß aus der tiefen Flanke zu Fall zu bringen.

Das neue Kampfgelände war diesmal ein rund 60 Kilometer tiefes Waldgebiet mit zahlreichen, meist quer zur Angriffsrichtung verlaufenden Höhenzügen, Hügeln und Bergkuppen, die bis über 1000 Meter anstiegen und nach Osten zu mehr und mehr zum Gebirge des Hochkaukasus übergingen. Dazwischen lagen schmale Täler mit vielen kleinen und größeren Bächen wie Gunaika und Pschisch. Das ganze Gelände war mit dichten, ausgedehnten Laubwäldern bestanden, die urwaldartigen Charakter hatten. Die Besiedlung war gering, nur am Nordrand dieser Waldberge, in den Tälern und an der nach Tuapse führenden Straße gab es einige kleinere und größere Orte. Sonst fast weglos und ohne Brücken, zog sich allein diese große Straße von Maikop durch den Waldkaukasus über Chadynskaja, den Goitsch-Paß und Schaumjan nach Tuapse am Schwarzen Meer, begleitet von einer Bahnlinie mit einem großen Tunnel bei Nawaginskaja.

---

*) Oberst Hans Buchner, nicht identisch mit dem Verfasser Alex Buchner, im Krieg Oberleutnant und Kompaniechef.

Am 27. September traten die Jägerregimenter befehlsgemäß aus ihren Bereitstellungsräumen zum Angriff nach Südwesten an und wurden rasch vom unendlichen Waldmeer verschluckt. Aufgegliedert vorgehend, begannen die Bataillone die ersten völlig unübersichtlichen Waldberge zu durchkämpfen. Bald stießen sie auf kaum erkennbare, sich gegenseitig unterstützende feindliche Anlagen, hervorragend durch Astwerk, Moos und Blätter getarnt, die im Dämmerlicht des Waldes nur schwer auszumachen waren. Doch in bewährter Zusammenarbeit mit den Pionieren wurden zahlreiche russische Stellungen und Bunker im Nahangriff genommen. In diesem Gelände entschieden wieder Einzelkämpfer und kleine Gruppen auf nächste Entfernung den Kampf. Feuerzusammenfassungen der Artillerie, die Wirkung der schweren Waffen fielen hier weitgehend wie im Hochgebirge aus. Der Krieg in diesem Urwald war ein Kampf Mann gegen Mann. Nur mit Hilfe des Kompaß und nur selten durch orientierende Überblicke ließen sich die gesteckten Ziele ausmachen.

Dennoch konnten bereits am 2. Angriffstag der 1060 m hohe Gaiman-Berg vom Hochgebirgsbataillon 1 und der wichtige, 1087 m hohe Gunai-Berg durch das Gebirgsjägerregiment 98 genommen werden, während das Gebirgsjägerregiment 13 in die Wälderwirrnis im Quellraum der Tucha eindrang und gleichzeitig eine Gruppe des Regiments in einem Seitental des Gunai-Baches auf die versteckt gelegene kleine Siedlung Kotlowina stieß, um die längere Zeit mit wechselndem Erfolg gekämpft wurde.

Mühsam schlugen sich die Kampfgruppen weiter durch dicht bewaldetes Hügelland, das überall von einem geschickten Gegner mit größter Zähigkeit verteidigt wurde. In dem schier endlosen Wald verlor sich die Truppe immer mehr, kämpfte häufig ein Teil irgendwo auf eigene Faust, bis er wieder Anschluß fand. Die gewonnenen Tagesstrecken wechselten zwischen 1 und 6 Kilometer Tiefe, mehr war nicht zu erreichen. Die Gebirgsartillerie konnte durch das Dickicht nur mühsam und langsam folgen, soweit die Gebirgsgeschütze überhaupt verlastbar waren und fand nur selten gute Ziele. Als fliegende »schwere Artillerie« kamen beim Kampf um die Südhänge des Gaiman-Berges, auf den Gunaika und andere klare Ziele zwar Stuka-Verbände zum Einsatz. Doch trotz der schweren Bomben von 500 und 1000 Kilo, deren Einschläge weit im Umkreis den Wald erzittern ließen und dicke Baumstämme durch die Luft wirbelten, hielten die Russen in ihren Schützenlöchern und Erdbunkern oft bis zum letzten Augenblick aus. Die eigenen Verluste stiegen von Tag zu Tag.

Langsam, doch unaufhaltsam fraß sich der Angriff gunaikaabwärts nach Schaumjan durch. Am 15. Oktober nachmittags erstürmte das II./Gebirgsjägerregiment 98 das Straßen—Bahn—Kreuz 2 Kilometer südlich Schaumjan, während der Ort selbst vom Hochgebirgsbataillon 1 genommen wurde. Durch diesen entscheidenden Vorstoß kam es bis 16. Oktober auch bei der benachbarten 97. Jägerdivision zu Schlußkämpfen um die wichtige Höhe des Goitsch-Passes. Damit war der Eingang zum Pschisch-Tal erreicht. Zu spät hatte der Feind den von der Division geführten Flankenstoß erkannt. Als er dann seinerseits aus dem Raum Perewalny zum Gegenangriff nach Norden übergehen wollte, traf er auf den vorausschauend aufgebauten Flankenschutz (Pionierbataillon 48, III./Gebirgsjägerregiment 13 und III./Infanterieregiment 72) und wurde von den Höhen nördlich des Pschisch unter schweren Verlusten wieder ins Tal zurückgeworfen. Je mehr aber die Russen die Gefahr des Angriffs der Division in Richtung Schaumjan erkannt

hatten, umso heftiger wurden ihre Vorstöße südlich der Gunaika, um hier die Flanke der Division einzudrücken. Doch gelang es durch Alarmeinheiten aus rückwärtigen Trossen und Stäben sowie eines auf deutscher Seite kämpfenden Kosakenregiments die Lage auf der Höhe der Krise zwischen 14. und 16. Oktober zu meistern, als sich bei Schaumjan schon der volle Erfolg abzeichnete.
Bis zum 15. Oktober hatte die Division Lanz in 19tägigem, pausenlosen Kampf 98 feindliche Bunkergruppen durchbrochen, dabei 1083 einzelne Kampfstände genommen und 25 Feindverbände zerschlagen. Dabei hatte die Gefechtsgruppe des Regiments 98 den wegelosen Bergwald in 36 Kilometern, die Gefechtsgruppe des Regiments 13 in 40 Kilometern Tiefe durchstoßen. Es wurden 2368 Gefangene eingebracht, dazu kamen 259 Überläufer. Erbeutet wurden 7 Geschütze, 359 MG, 79 Granatwerfer und zahlreiche Handfeuerwaffen. Damit waren nach langwierigen, harten Kämpfen in Wald und Bergen bei Überwindung aller Geländeschwierigkeiten unter größten Anstrengungen und Strapazen bis zum 17. Oktober für den weiteren Verlauf des Angriffs bedeutende Ziele erreicht worden. Doch die eigenen Verluste waren infolge des erbitterten feindlichen Widerstandes hoch. Sie betrugen vom 27. September bis 13. Oktober abends an Gefallenen 5 Offiziere und 384 Oberjäger und Mannschaften, an Verwundeten 53 Offiziere und 1417 Oberjäger und Mannschaften, in 17 Tagen also insgesamt 1859 Mann, dies entspricht einem Tagesverlust von fast 110 Mann.
Während Teile des XXXXIV. Jägerkorps die erreichten Stellungen der Division Lanz bei Schaumjan und an der Straße nach Tuapse übernahmen, gliederte die Division um und stellte sich in der Zeit vom 17. bis 20. Oktober auf dem langen Höhenzug südlich der Gunaika mit den Gebirgsjägerregimentern 13 (ohne I. Bataillon) und 98, unterstützt von 2 Abteilungen leichter Gebirgsartillerie und 2 schweren Batterien, zum Sturm in das Pschisch-Tal bereit. Wenn das befohlene Endziel, Tuapse und die Küstenstraße nach Suchum, noch vor Einbruch der herbstlichen Schlechtwetterperiode erreicht werden sollte, tat Eile not.
Bisher war überwiegend sonniges, tagsüber warmes Herbstwetter gewesen. Am 21. Oktober war nun zum erstenmal die Landschaft wolkenverhangen und über die Wälder ergoß sich strömender Regen. General Lanz ließ sich aber durch die Ungunst der Witterung nicht abhalten und befahl den neuerlichen Angriff nach Südwesten. Die Bataillone, obwohl seit drei Wochen ununterbrochen in schweren Waldkämpfen stehend, brachen in das Pschisch-Tal ein, hoben in Goitsch einen feindlichen Regimentsstab aus, brachten bis zum 22. Oktober 1800 Gefangene ein und gingen sofort gegen den beherrschenden Ssemaschcho-Berg vor. Am 23. Oktober hatten die ansteigenden Kompanien des II. und III./Regiment 13 und des I. und III./Regiment 98 nach heftigen Waldgefechten in den oberen Nordhängen des Ssemaschcho Teile des Gipfelgrates und die nordwestlich verlaufende Bergflanke genommen. Bis zum 25. Oktober wurden diese Erfolge weiter ausgebaut und der ganze, 1034 m hohe Berg in Besitz genommen. Zur Entlastung der Angriffskräfte wurden auf den beiden Flanken der Division Lanz Einheiten der Nachbardivisionen nachgezogen.
Von diesem beherrschenden Berg, der letzten großen Erhebung, überblickte man das ganze restliche Gelände bis in Stadt und Hafen Tuapse. Noch einmal lebte bei Führung und Truppe die Hoffnung auf, doch noch das Schwarze Meer zu erreichen. Allein schon die nächsten Tage belehrten eines anderen. Mit fanatischer Verbissenheit begann der Feind diese Bergbastion von drei Seiten her anzugrei-

fen, es galt, den Deutschen den Ssemaschcho um jeden Preis wieder zu entreißen. Die eigenen Kräfte reichten gerade noch aus, um den verzweifelt anstürmenden Gegner abzuwehren und die großen, nicht überschaubaren und durch Feuer nicht zu beherrschenden Lücken in der Bergfront unter loser Kontrolle zu halten. Eine besondere Schwierigkeit ergab sich auch daraus, daß ein Nachziehen der Artillerie in das Pschisch-Tal wegen der zunehmenden ungünstigen Wege- und Wetterverhältnisse nur zum Teil durchführbar war, sie mußte vielmehr mit ihrer Masse auf den Höhen nördlich des Pschisch zurückbleiben.

Die russischen Angriffe gegen den weit nach Süden vorspringenden Ssemaschcho, auf dem die Division ihre Lage festigte, richteten sich sowohl gegen die beiden Flanken des eigenen Angriffskeiles als auch gegen die Gipfel- und Gratbesatzung. Der Gegner, der von Tuapse her auf guten Straßen und auf kurzen Strecken beste Nachschubverhältnisse hatte, konnte seine Angriffswucht, vor allem auch artilleristisch, von Tag zu Tag steigern. An eine Fortführung des eigenen Angriffs war nicht mehr zu denken, dazu waren die eigenen Teile bereits zu sehr geschwächt und verbraucht. Eine Besprechung des Kommandierenden Generals des XXXXIX. Gebirgs-Armeekorps beim Oberbefehlshaber der 17. Armee am 27. Oktober ergab, daß eine Fortführung des Angriffs auf Tuapse nicht mehr in Frage kam, frische Einheiten und starke Luftstreitkräfte waren nicht mehr zu erwarten. Die bisher erreichten Stellungen sollten jedoch gehalten werden, obwohl eine Verteidigung in dem vorspringenden Frontbogen äußerst schwierig und nachteilig war.

Nach Erkundungs- und Teilangriffen der vergangenen Tage begann am 28. Oktober der sowjetische Großangriff zur Wiedergewinnung des Ssemaschcho. Er hielt die folgenden Tage in unverminderter Stärke an und wurde unter Einsatz ungewöhnlicher Munitionsmengen geführt, die unbehindert durch deutsche Luftangriffe mit Lastwagen bis in die Artilleriestellungen gefahren werden konnten. Der Feind griff aber nicht nur frontal an, sondern versuchte auch, die Flanken dieser großen Bergbastion einzudrücken und die auf dem Höhengrat befindlichen Gefechtsgruppen und Bataillone (westliche Gruppe Regiment 13, östliche Gruppe Regiment 98) zu umfassen und von ihren rückwärtigen Verbindungen abzuschneiden.

Das Gebirgsjägerregiment 13 schob sich, nach allen Seiten kämpfend, an der Nordwestflanke um weitere 800 Meter an das die Gipfelhöhe behauptende Regiment 98 heran. Das gleichzeitig vom Nordhang des Berges gegen die noch bestehende Lücke angreifende Pionierbataillon 48 gewann zwar Anschluß an das Regiment 13, vermochte aber nicht, den Gegner aus der nördlichen Ssemaschcho-Lücke zu werfen. Dagegen war es dem Feind gelungen, mit 2 Bataillonen von dieser Lücke aus in Richtung Goitsch vorzustoßen. Er drang in den Ort ein, versuchte den Regimentsstab 98 auszuheben und das ganze Regiment einzuschließen. Nach harten Kämpfen gelang es dem Regimentsstab, Artilleriebedienungen und verschiedenen kleinen Gruppen, den Gegner langsam zwar zusammenzudrängen, ihn aber nicht aufzureiben.

Eine Krise jagte die andere. Die beiden rechten Bataillone (I. und III. des Gebirgsjägerregiments 98) auf Gipfel und Grat waren zeitweise völlig eingeschlossen, behaupteten sich jedoch in ihren Stellungen. Auch das östliche Bataillon (II./98), zugleich von Westen und Südosten angegriffen, schlug wohl alle Angriffe ab, vermochte aber ebenfalls nicht, die große Südlücke zur Gipfelhöhe zu verengen, geschweige denn zu schließen. Hartnäckig behauptete sich der Gegner bei Pkt. 919 und zog weitere Kräfte nach.

In dieser überaus kritischen Lage übernahm das XXXXIV. Jägerkorps, das zur Führung eines Entlastungsangriffes nach Süden nicht mehr in der Lage war, wenigstens die zwei westlichen Bataillonsabschnitte des Regiments 13. Außerdem waren von der Hochgebirgsfront das I./13 und das Pionierbataillon 54 als Verstärkungen im Anmarsch, denen später noch 2 Bataillone des Gebirgsjägerregiment 91 folgten. Zudem wurde die gesamte Artillerie der 17. Armee im Raum vor Tuapse, besonders die schwere und weitreichende, zur Unterstützung der Front zum stärksten Feuereinsatz gebracht.

Da setzte in der ersten Novemberwoche mit aller Macht der befürchtete Wettersturz ein. Es regnete Tag und Nacht. Grau in Grau lag die düstere Landschaft, voller durchdringender Feuchtigkeit. Die Wolken hingen tief in den Wäldern. Harmlose Bäche wurden zu reißenden Flüssen, der lockere Boden an den Hängen und in den Tälern verwandelte sich in einen immer grundloseren Brei und Morast. Pferde und Tragtiere, entkräftet und ausgemergelt, versanken zu Dutzenden auf dem Weg nach vorn im Schlamm. Auch weiter rückwärts steckten alle Fahrzeuge fest. Nur einige wenige Zugmaschinen waren noch in der Lage, sich durch den Morast zu wühlen. Der an sich schon schwierige Nachschub kam fast zu Erliegen. Fieberhaft arbeiteten Teile der Nachschubkolonnen daran, den Eisenbahntunnel von Nawaginskaja von ineinandergefahrenen Zügen frei zu machen, um die Versorgung durch den Tunnel zu leiten. Dem XXXXIV. Jägerkorps war es nicht gelungen, den Eingang in das Pschisch-Tal südlich Schaumjan offen zu halten, so daß die ganze Versorgung wieder durch Gunaika- und Pschisch-Tal und über die Höhen hinweg erfolgen mußte.

Bis zum 6. November hielt die Krise im Ssemaschcho-Bogen an. Dann ließ auch die Kraft des Gegners nach. Doch erst am 17. November gelang es, die bis südlich Goitsch eingebrochene und sich weiter verstärkende Feindgruppe in Stärke von mehreren Bataillonen, die am 29. Oktober durch die Lücke zwischen den Regimentern 13 und 98 über den Grat in den Pschisch-Grund hinabgestoßen waren, in der Masse zu zerschlagen. Teilen des Gegners gelang es noch, in Richtung auf den Gefechtsstand des Regiments 13 auszubrechen. Aber auch diese Teile wurden am oberen Nordhang des Berges von der Regimentsreserve gefaßt, aufgerieben und gefangengenommen. Es wurde stiller am Ssemaschcho, er war in deutscher Hand geblieben.

Jetzt machte mehr und mehr das ständige schlechte Wetter mit seinem Dauerregen zu schaffen. Regen und Schlamm verbrauchten die schon mitgenommenen Männer, Tiere und Fahrzeuge in zunehmendem Maß und gefährdeten die Versorgung der kämpfenden Truppe. Die ganze Not ist aus den täglichen Lagemeldungen der Division Lanz zu erkennen. Hier einige Auszüge:

17. November: »Die Versorgung der Division in ihrem über 30 Kilometer breiten Abschnitt aus einer Tiefe von über 25 Kilometer im unwegsamen Höhengelände ist bei den derzeitigen Überschwemmungen und Verschlammungen des Bodens und der Wege und bei den täglich steigenden Ausfällen an Tragtierführern und Tragtieren nur noch mit äußerster Kraftanstrengung möglich...«

1. Dezember: »Lage äußerst ernst... Hoher Erschöpfungszustand der Truppe. Täglich 60 Pferde Totalverlust. Steigendes Hochwasser des Pschisch verhindert Ver-

sorgung. Munition nur noch für zwei oder drei Tage vorhanden. Verpflegung für einen Tag. Für Pferde kein Futter mehr...«

Inzwischen war es in der Zeit vom 26. bis 29. November zu erneuten feindlichen Teilangriffen am Ssemaschcho-Bogen gekommen, vor allem gegen die Westflanke des Berges, wiederum unter ungewöhnlich hohem Artillerieeinsatz. Auch die linke Bergflanke geriet in höchste Gefahr, als unerwartet 2 Kompanien bisher auf deutscher Seite kämpfender russischer Freiwilliger am 26. November am hellen Tage zum Gegner überliefen. Doch auch dies wurde gemeistert.

Unaufhörlich drängte General Lanz bei der vorgesetzten Dienststelle, dem XXXXIX. Gebirgs-Armeekorps, auf eine Zurücknahme des Frontbogens um den Ssemaschcho. General Konrad und ebenso der Oberbefehlshaber der 17. Armee bemühten sich gleichfalls um eine Genehmigung zur Räumung des Berges, aber noch immer lehnte der Oberste Befehlshaber der Wehrmacht (Hitler) in seinem tausend Kilometer entfernten Hauptquartier eine Zurücknahme der Front am Ssemaschcho ab. Endlich gab er unter dem fortgesetzten Druck der Generale nach, die jede weitere Verantwortung ablehnten, und erteilte am 12. Dezember die Genehmigung zur Räumung.

In der Nacht vom 16./17. Dezember lösten sich die Bataillone, nach blutigem entbehrungsreichen Ausharren, unbemerkt vom Feind und gingen auf die Höhen nördlich des Pschisch in einigermaßen vorbereitete Stellungen zurück. 823 Gefallene, 2412 Verwundete und 199 Vermißte hatten allein die Kämpfe vom 21. Oktober bis 13. Dezember um den Ssemaschcho gekostet, der zum Schicksalsberg der Division Lanz geworden war. Der hereinbrechende Winter setzte dem erbitterten Kampf auf beiden Seiten ein Ende.

Infolge der sowjetischen Großoffensive bei Stalingrad, dem Untergang der 6. Armee dort und durch den russischen Vorstoß in Richtung Rostow mußte auch die gesamte Kaukasusfront aufgegeben werden, um nicht abgeschnitten und in einer neuen, noch größeren Kesselschlacht vernichtet zu werden. So mußten, ab Januar 1943 beginnend, neben allen anderen Divisionen auch die 1. und 4. Gebirgsdivision aus den tiefverschneiten Bergen und tiefen Tälern des Hochkaukasus und den Höhen des Waldkaukasus kommend, sich zunächst in den Kubanbrückenkopf absetzen, der bis zu seiner Räumung im Herbst 1943 weitere schwere Kämpfe brachte. Die Ziele des XXXXIX. Gebirgs-Armeekorps, Suchum und Tuapse an der Schwarzmeerküste, waren — wie an der Eismeerfront Murmansk — trotz aller Opfer nicht erreicht worden, obwohl auch hier die Truppe wiederum ihr Bestes gegeben hatte.

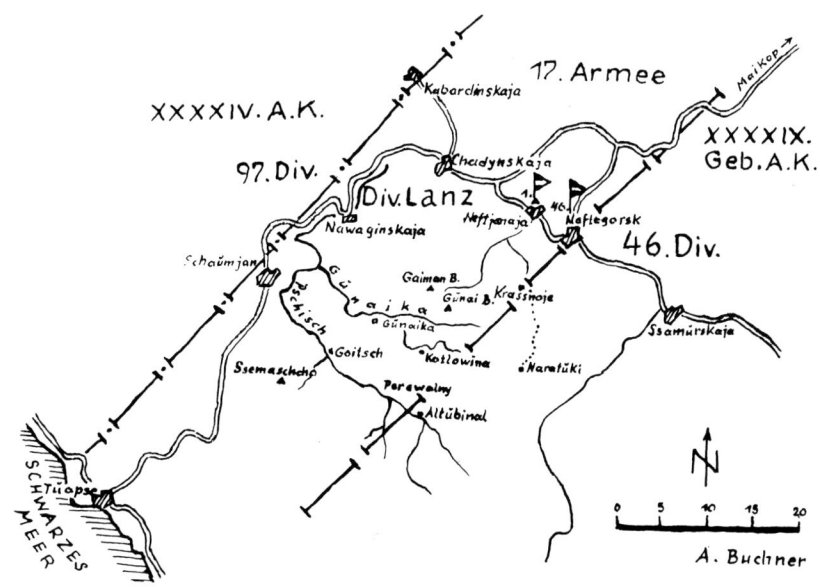

Lageskizze des XXXXIX. Gebirgs-Armeekorps im Westkaukasus

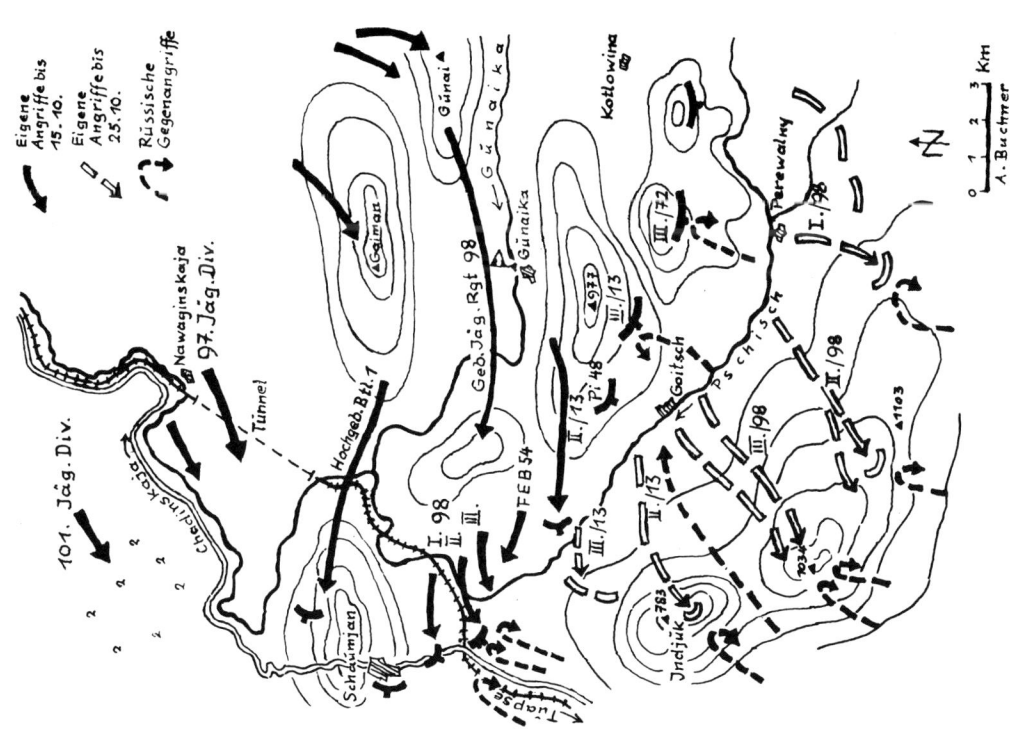

Einsatz der »Division Lanz« im Herbst 1942

Einzelberichte
Der erste Angriffstag im Waldkaukasus
(Schilderung eines ehem. Oberjägers der 1. Kompanie/Gebirgsjägerregiment 98)

Das erste Dämmern des Morgens ringt noch mit dem Dunkel der Nacht. Die Sonne ist noch nicht aufgegangen. Wir sind angetreten zum Kampf im Waldgebirge. Durch diesen schier endlosen Urwald sollen wir uns hindurchkämpfen an das Schwarze Meer. Der schmale Weg, erst noch karrenbreit, bald nur noch ein enger, kaum sichtbarer Fußpfad, ist Richtweg auf den zuerst zu nehmenden tausend Meter hohen Berg. Die taunassen Büsche schlagen ins Gesicht. Schleichend tastet sich der Spitzenzug des Bataillons vorwärts, dringt beiderseits des Pfades durch das Unterholz vor. Lautlose Stille, das Knacken trockener Zweige unter unseren Bergschuhen ist das einzige Geräusch. Geflüsterte Befehle. So schleichen wir vorwärts, von Baum zu Baum, aufmerksam das Gewirr der aufragenden Stämme, der bemoosten Felsen, der von Blitz und Sturm gestürzten Baumriesen durchspähend. Aber nichts rührt sich während der ersten Stunde. Still bleibt der Wald, still bleiben auch die schußbereiten Waffen.

Das plötzliche Aufbellen einer MPi zerreißt kurz die unheimliche Stille. Der Regimentskommandeur mit ein paar Offizieren ist weit voraus auf den ersten Vorposten der Russen getroffen, der unschädlich gemacht wurde. Wieder Stille. Mit Kompaß und Karte suchen wir den weiteren Weg. Die Sonne kommt langsam hoch, wir sehen es an den Lichtern in den Baumkronen. Kaum 10 Kilometer waren es bis zu unserem ersten Ziel, bis auf den tausend Meter hohen Berg. Aber Wald, wilder Urwald mußte durchquert werden. Eigentlich ein herrlicher Wald, schlanke Weißbuchen, Eichen dazwischen, wenig Fichten, Stämme mit 20, 30, ja 40 Metern Höhe. Aber wir hatten keine Zeit für die schöne Wildheit dieses Waldes, hinter jedem Baum, hinter jedem Felsblock konnte der Feind hocken. Schwer drückten der Rucksack, die Waffen bei dieser elenden Steigerei und Kriecherei durch Dornengestrüpp und wirr verwachsenes Unterholz.

Da — über uns ein Singen und Dröhnen in der Luft: Die Stukas, die Zerstörer kommen. Unsere Signale gehen hoch: Hier sind wir! Und dann vor uns das Heulen der Sirenen, Aufbrüllen und Krachen der Bombeneinschläge. Stunde um Stunde rollende Stukaangriffe, während wir hier durch die lauernde Stille schlichen und uns durch Schluchten den Weg auf den Berg suchten.

Ein Schuß kracht, 20 Meter vor uns, wir sehen den Mündungsrauch. Die MPi hochgerissen, ein Feuerstoß — nichts mehr zu sehen. Ein paar braune Gestalten verschwinden hinter Stämmen und Felsbrocken, feindliche Vorposten, die sich zurückziehen.

Eine Kompanie unseres Bataillons, nach Osten ausholend, gewann den Grat des Berges. Die Russen hatten sich eingegraben. Die Kompanie griff an, rollte die Stellung von der Flanke auf. Zur gleichen Zeit haben wir den nördlichen Steilhang des Berges erreicht und greifen die Feindstellung frontal an. Erst aus kürzester Entfernung, aus 15, 10 Meter sind die Feindstellungen zu erkennen. Oft sehen wir sie erst, wenn wir von ihnen angeschossen werden. Nun erfüllt eine Stunde lang das Peitschen der Gewehrschüsse, das Knattern der Maschinenwaffen, das

Wummern der Handgranaten den heimtückischen Wald. Aufschreie der Verwundeten, das letzte Stöhnen Sterbender. Dann ist der Berg genommen.
Endlich haben wir von diesem Berg einen freien Überblick über das weitere Gelände. Und was wir sehen ist Wald, unermeßlicher Wald, wohin sich das Auge nach Süden, Osten und Westen auch wendet. Wie ein riesiger grüner Teppich breitet sich der Wald über Höhen, Schluchten, Mulden und Hänge bis an den Horizont, wo im blauen Dunst eine hohe Bergkette das Bild abschließt. Dahinter muß das Schwarze Meer liegen. Nur im Südwesten drunten im Tal, eine kleine Ortschaft mit ein paar Lichtungen.
Dieser Tag, der erste Angriffstag, ist zu Ende. Todmüde, wer nicht Sicherung und Wache hat, sinkt jeder Jäger nieder und schläft, die Zeltbahn übergezogen in einem Erdloch oder auf dem blanken Waldboden in der frühen finsteren Nacht. Gegessen haben wir nichts, die Verpflegung ist nicht nachgekommen. Das letzte Stück trockenen »Barras« behalten wir für den nächsten Morgen auf. Dann peitschen wieder Schüsse durch den Wald, singen Geschosse und Querschläger über uns hin. Woher, weiß niemand.
So schlagen wir uns Tag um Tag weiter durch den Wald, räuchern feindliche Bunker aus, geraten in Feuerüberfälle der Russen, kämpfen uns über Hänge und durch Rinnen. Es wird ein zähes und verbissen geführtes Ringen fast um jeden Baum und Strauch, um jeden Felsen und jede Kuppe.

Tagesmeldung der »Division Lanz« am 10. Dezember 1942
(nach Akten des Verfassers)

Seit dem letzten Hochwasser (am 1. Dezember) kann die Truppe nur noch mit halben Portionen verpflegt werden. Der Kälteeinbruch hat die Auszehrung gesteigert, 14 Erschöpfungstote in den letzen sieben Tagen. Das Pferdesterben hält an. Gebirgsjägerregiment 98 wird in weiteren zehn Tagen alle seine Pferde verloren haben.
Die Bekleidung ist durch die Beanspruchung der neunwöchigen Waldkämpfe völlig abgerissen, infolge der Nachschubschwierigkeiten kann sie trotz großer Bestände nicht verbessert werden. Offizier und Mann kommen seit Wochen nicht mehr aus den nassen Uniformen. Die Wäsche verfault buchstäblich am Körper. Erkältungen, Hauterkrankungen, Furunkolose und Infektionen sind die Folge.
Der Abschub der Verwundeten zu den Hauptverbandplätzen und von da weiter nach rückwärts ist äußerst schwierig. Soweit ihr Abtransport aus den Stellungen unter stundenlangen Mühen gelingt, liegen sie auf den Hauptverbandplätzen oft viele Tage dicht gedrängt in nassen, kalten Zelten. Der Abtransport von Schwerverwundeten durch Fieseler Störche fällt infolge schlechten Wetters oft aus. Die Träger sind so beansprucht, daß für einen liegend zu tragenden Verwundeten acht Träger notwendig sind. Von den kürzlich überwiesenen 170 Mann sind am 9. Dezember infolge Überanstrengung und Erschöpfung auf den stundenlangen Wegen in Regen und Morast bergauf- und ab nur noch 10 einsatzfähig, von 72 am 7. Dezember zugeteilten Trägern ist nur noch die Hälfte dienstfähig.

Munition für Handfeuerwaffen in den nächsten Tagen noch vorhanden, Handgranaten in begrenztem Umfang. Ungünstig steht es mit Artilleriemunition, die infolge des Hochwassers im Gunaika-Tal nicht mehr durchkommt.
Die Witterung wechselt mit Regen und Schnee zwischen Temperaturen von + 5 Grad C und — 5 Grad C und ergibt bald knietiefen zähen Schlamm, bald eine durchbrechende Frostschicht darüber. Hilfe durch Luftwaffe bedeutsam, doch ging ein Drittel der Güter verloren. Grundsätzliche Verbesserung der Versorgungslage oder die Truppe geht zugrunde!«

Truppenkrankennachweis (ohne Verwundetenbericht) vom 1. bis 10. Dezember 1942

(vom ehem. Divisionsarzt Dr. Kittler)

1. Der Ernährungs- und Kräftezustand der in vorderster Linie eingesetzten Kampfteile ist ein derartig schlechter, daß mit deren praktischem Gesamtausfall jederzeit gerechnet werden muß. Durch den ununterbrochenen Einsatz in dem Regenwetter der letzten 4 Wochen und den damit verbundenen Nachschubschwierigkeiten für Verpflegung und Wärmeschutz sowie durch die Unterbringungen in durchnäßten Bunkern und Zeltlöchern ist es zu einer außergewöhnlichen Erhöhung der Anfälligkeit gegen Krankheiten gekommen. Die Leute sind völlig abgemagert und durch die Anstrengungen des Kampfes bei unzureichender Ernährung derartig geschwächt, daß körperliche Leistungen im Bergeinsatz nicht mehr erreicht werden können.
2. Die frischen Erkrankungen an epidemischer Gelbsucht haben nachgelassen, dagegen sind Magen- und Darmkatarrhe, Blasenentzündungen, Nierenerkankungen und allgemeine Erkältungen (Bronchialkatarrhe usw.) in dauerndem Steigen begriffen. Da die reduzierten Gefechtsstärken der vordersten Linie eine weitere Herabminderung nicht zuläßt, werden die meisten dieser Erkrankten in der Stellung behalten.
3. Von einer Körperpflege der vorn eingesetzten Truppenteile ist seit Wochen keine Rede mehr. Begünstigt durch die allgemeine Verschmutzung in der nassen Bekleidung treten Hauteiterungen in jeder Form auf.
4. Die ersten Erfrierungen I. und II. Grades sind in der Berichtzeit eingetreten.
5. Die Verlausung ist noch immer hochgradig.
6. Das zwar reichlich vorhandene Wasser ist im Tal aber so verschmutzt und so schlammig, daß es nicht ohne weiteres zum Kochen verwendet werden kann. Am Berg wird Wasser aus Seitenarmen oder kleineren Bächen entnommen, dessen Zustand jedoch bei den sehr häufig anzutreffenden, im Wald oft nur sehr schwer auffindbaren Toten und sichtbaren Tierkadavern nicht von vornherein als genießbar angenommen werden kann.
7. Die Masse der gesamten Division einschl. der Nachschubdienste biwakiert in Zelten, Bunkern und Erdlöchern.

8. Truppenverpflegung ist in ausreichendem Maße vorhanden. Die in den vorderen Linien eingesetzten Teile erhalten die Verpflegung infolge der ungeheuren Nachschubschwierigkeiten aber nur unregelmäßig, da auf dem Nachschubweg teils durch Feindeinwirkung, teils durch das Wetter bzw. Hochwasser der zu passierenden Furten immer wieder Teile der Verpflegung zu Verlust gehen.
9. Auch Bekleidung ist in ausreichendem Maß vorhanden. Es ist jedoch nicht möglich, die gefaßte Bekleidung (Wintermäntel, Brust- und Rückenwärmer, Pullover, Pelzwesten, Kopfschützer, Handschuhe und Schuhwerk) nach vorne zu schaffen. Infolgedessen ist die Bekleidung des in vorderster Linie eingesetzten Mannes katastrophal schlecht. Sie ist nicht nur gegenüber Wetter und Kälte völlig unzureichend, sondern auch ständig durchnäßt, verschmutzt, zerrissen und verbraucht.
Keine weiteren besonderen Beobachtungen.

Einige Zahlenangaben der »Division Lanz« in der Zeit vom 27. September bis 31. Dezember 1942

(nach Akten und Unterlagen des Verfassers)

Nachschubweg: Von Krassnoje (170 m) über die Gunai-Höhen (362 m) ins Gunaika-Tal bis »Knie« (230 m) = 1 Tag. Von dort über den 700 m hohen »Pioniersattel« ins Pschisch-Tal bis Goitsch (234 m) = 1 Tag. Weiter auf die über 1000 m hohen Bergstellungen = 1 Tag Marschzeit für Tragtiere und Träger. Bis ins Gunaika-Tal mit Bespann- und Kettenfahrzeugen.
Die zahlenmäßig höchste Grabenstärke (d.h. die an vorderer Front befindlichen Soldaten) betrug am 18. Dezember beim I./Gebirgsjägerregiment 98 noch insgesamt 222 Offiziere und Mann, die niederste Grabenstärke hatte das III./98 mit insgesamt 89 Offiziere und Mann. Bei den anderen Bataillonen sah es ähnlich aus. Dabei betrug die normale Grabenstärke eines Bataillons über 500 Offiziere und Mann.
Verluste an Gefallenen einschl. der Vermißten: 1656, darunter 36 Offiziere.
Gesamtzahl der Ausfälle (Gefallene, Verwundete, Vermißte und schwer Erkrankte) 7870, darunter 232 Offiziere.
Tierverluste (Tragtiere und Pferde) durch Feindfeuer getötet 985, an Krankheiten ausgefallen 220, an Erschöpfung eingegangen 2810.

Gliederung und Stärken einer Gebirgsdivision

Eine Gebirgsdivision bestand — abgesehen von kleineren Unterschieden innerhalb der einzelnen Divisionen — bei normaler Gliederung und vollständiger Ausstattung nach Kriegsstärkenachweisung aus:

Divisionsstab
2 Gebirgsjägerregimenter (zu Fuß und bespannt) mit je
    3 Bataillonen

1 Gebirgsartillerieregiment mit
    2 leichten Abteilungen mit je 3 Batterien zu je 4 7,5 cm Gebirgsgeschützen (zu Fuß und bespannt)
    1 Abteilung mit 3 Batterien zu je 4 Geschützen 10,5 cm leichten Feldhaubitzen oder Gebirgshaubitzen (motorisiert)
    1 schweren Abteilung mit 3 Batterien zu je 4 Geschützen 15 cm schweren Feldhaubitzen (motorisiert)

1 Gebirgsaufklärungsabteilung (teilmotorisiert) mit
    1 Kradschützenschwadron
    2 Radfahrschwadronen
    1 schwere Schwadron mit Nachrichtenzug, Pionierzug, Pakzug (3 Geschütze 3,7 cm) und leichter Infanteriegeschützzug (2 leIG)

1 Gebirgspionierbataillon (teilmotorisiert) mit
    2 Pionierkompanien (bespannt)
    1 Pionierkompanie (motorisiert)
    1 leichten Pionierkolonne (motorisiert)

1 Gebirgsnachrichtenabteilung (teilmotorisiert) mit
    1 Fernsprechkompanie (bespannt)
    1 Funkkompanie (motorisiert)
    1 leichten Nachrichtenkolonne (motorisiert)

1 Gebirgspanzerjägerabteilung (motorisiert) mit
    3 Panzerjägerkompanien mit 3,7 cm Geschützen (später 5 cm und 7,5 cm)
    1 Fla-Kompanie mit 3 Zügen, davon 1 Zug Gebirgs-Fla, mit 2 cm Geschützen (später)

1 Gebirgsjäger-Feldersatzbataillon (zu Fuß und bespannt) mit
    5 Kompanien. (Dieses Bataillon wurde später ein selbständiges Gebirgsjägerbataillon)

1 Gebirgssanitätsabteilung (teilmotorisiert) mit
    2 Sanitätskompanien (bespannt)
    2 Krankenkraftwagenkolonnen (motorisiert)
    1 Feldlazarett (motorisiert)

Versorgungstruppen (motorisiert) mit:
 Divisionsnachschubführer
 1 Nachschubkompanie
 1 Werkstattkompanie
 2 Kolonnen zu je 15 t (bespannt)
 2 Kolonnen zu je 30 t (motorisiert)
 2 Spritkolonnen

Verwaltungsdienste (motorisiert) mit:
 1 Divisionsverpflegsamt
 1 Schlächtereikompanie
 1 Bäckerkompanie
 1 Veterinärkompanie (bespannt).

Sollbestand rund:

an Soldaten	16000	Mann
an Tieren	6300	(davon 1500 Pferde, 4800 Tragtiere)
an Fahrzeugen	1400	Kraftfahrzeuge (einschl. Pkw und Kräder)
	660	bespannte Fahrzeuge
an Waffen	13000	Gewehre
	2200	Pistolen
	500	Maschinenpistolen
	416	leichte Maschinengewehre
	66	leichte Granatwerfer 5 cm
	75	Panzerbüchsen
	80	schwere Maschinengewehre
	44	mittlere Granatwerfer 8,1 cm
	16	leichte Infanteriegeschütze 7,5 cm
	4	schwere Infanteriegeschütze 15 cm
	39	Pak 3,7 cm
	12	leichte Flak 2 cm
	24	leichte Gebirgsgeschütze 7,5 cm
	12	leichte Feldhaubitzen bzw. Gebirgshaubitzen 10,5 cm
	12	schwere Feldhaubitzen 15 cm

Vom Eismeer...

...bis zum Kaukasus

Der Angriff des Gebirgskorps Norwegen gegen Murmansk im Sommer 1941 (2. und 3. Gebirgsdivision)

An der Küste des Eismeeres (Barent-See).

Lappenfamilie vor ihrer aus Steinen, Erdziegeln und Rentierfellen errichteten Jurte.

Norwegische Kleinstadt und Hafen Kirkenes.

Vorbereitungen vor dem großen Angriff — Sattelappell bei der Gebirgsnachrichtenabteilung 68.

Noch ahnt niemand, was bevorsteht — Mittsommerwende in Neiden, Gebirgsjäger beim Johannisfeuer am 21. Juni 1941.

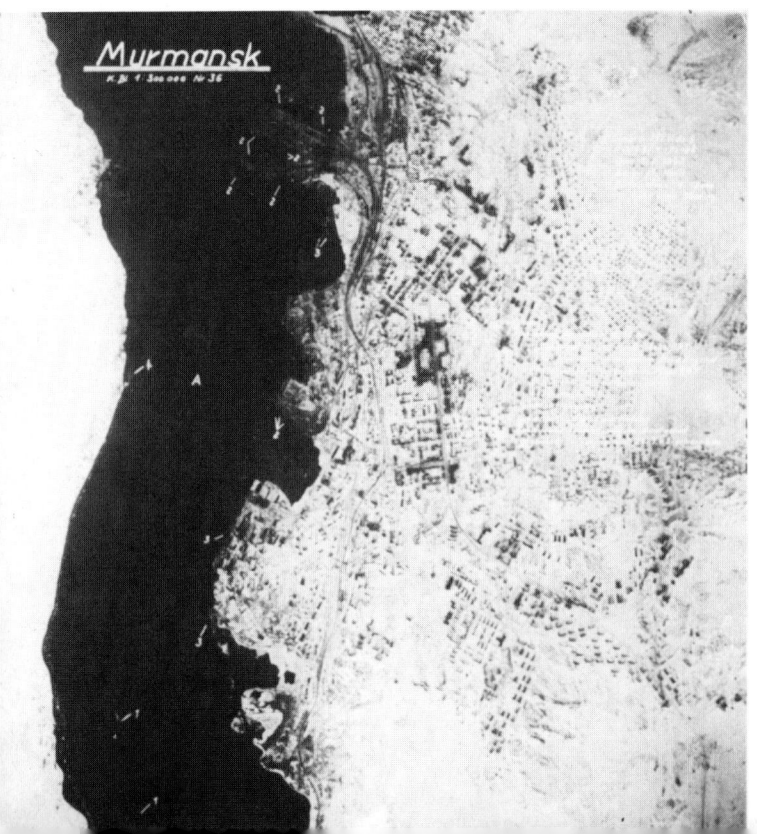

Das nie erreichte Ziel: Luftbildaufnahme von Stadt und Hafen Murmansk.

Anmarsch von Einheiten der 3. Gebirgsdivision über die norwegisch-finnische Grenze.

»Wo und wie geht's vorwärts?« (v. links nach rechts: General Dietl, Kommandierender General des Gebirgskorps Norwegen, Oberstleutnant Ritter v. Hengl, Kommandeur des Gebirgsjägerregiments 137 und General Schlemmer, Kommandeur der 2. Gebirgsdivision).

So sah das bevorstehende Kampfgelände aus — die weltferne Tundra mit steinigen Höhen, Felskuppen, Seen und Mooren dazwischen.

Es geht der finnisch-sowjetischen Grenze entgegen.

Eine Woche nach Beginn des Feldzuges gegen die Sowjetunion meldete der deutsche Wehrmachtbericht: »Am 29. Juni 1941 um 0.00 Uhr traten deutsche Gebirgsjäger im Schein der Mitternachtssonne über noch schneebedeckte Tundren zum Angriff Richtung Murmansk an«.

Die Grenzbefestigungen werden in schnellem Ansturm durchbrochen. Die ersten Sowjetsoldaten ergeben sich den Jägern des II. Bataillons/Gebirgsjägerregiment 137.

Die von der 2. Gebirgsdivision jenseits der Grenze erreichte sog. »Russenstraße« erweist sich als nur schlecht angelegter Weg. Nur langsam geht es mit Bespann- und mot. Fahrzeugen vorwärts.

Unter Beschuß geratene sowjetische Kolonne auf dem Weg zur Titowa.

Unterdessen plagt sich die 3. Gebirgsdivision mit ihren Karetten noch durch die weglose Tundra, ehe sie hinter der 2. Gebirgsdivision nachgezogen wird.

Teile des Gebirgsjägerregiments 138 durchwaten die eiskalte Titowa oberhalb des »Russenlagers« um Mitternacht vom 23./24. Juni.

Das Gebirgsjägerregiment 139 sucht sich seinen Weg durch das Buschdickicht der Liza-Niederung.

Große Floßsäcke werden für den Angriff über die Liza in die Bereitstellung gebracht.

Der harte und erbitterte Kampf jenseits der Liza beginnt. 8,1 cm Granatwerfer unterstützen die schwer ringenden Jäger...

Oberstleutnant v. Hengl zeigt einem russischen Gefangenen im Gelände, was er von ihm wissen möchte.

...ebenso wie schwere Maschinengewehre aus Felsdeckungen.

Gefallener Sowjetsoldat in seinem Schützenloch.

Russisches Artilleriefeuer — im Hintergrund »Herzberg«.

Ein schwerverwundeter Kompaniechef in einem Verwundetennest auf Höhe 200.

Über Schneefelder und durch tiefe Schluchten geht das Gebirgsjägerregiment 136 gegen den Hals der Fischerhalbinsel vor.

Die 2. Kompanie der »136er« nach Erstürmung der Höhe 120 am Fischerhals (Mustutanturi).

Ein Regimentsgefechtsstand in der Tundra.

In einer Gefechtspause — der Brief aus der Heimat für einen Oberjäger der »139er«.

Abschied von den toten Kameraden. Das II. Bataillon/Gebirgsjägerregiment 136 verläßt die Stellung am Fischerhals und wird zum sog. »Hofmeisterunternehmen« bereitgestellt.

Schwerbepackt stürmen die Jäger des I. und II./136 bei der Säuberung des Nordraumes die Höhe 262,2.

Zum zweiten und dritten Mal über die Liza — Gottesdienst durch den katholischen Divisionspfarrer vor dem Angriff.

Am Morgen des 14. Juli überschreitet das verstärkte Gebirgsjägerregiment 137 auf einem Floßsacksteg den Fluß, gefolgt vom I. und III. Bataillon der »139er«.

Wie immer unterstützen die schweren Waffen — hier ein schwerer Granatwerfer kurz vor dem Abschuß.

Schütze mit leichtem MG im Feuerkampf.

Durch Sümpfe und Hochmoore, die sich zwischen den steinigen Kuppen und felsigen Höhen erstrecken, geht der Angriff zunächst noch vorwärts.

Erbittert umkämpftes Gelände: Der »Herzsee«, im Hintergrund die Ura-Höhe.

Und wieder sind die Verluste hoch. 12 bis 16 Stunden weit müssen die Schwerverwundeten durch Träger, bei kurzen Rasten unterwegs, zurückgebracht werden.

In den Zelten der Hauptverbandplätze wird oft pausenlos operiert, verbunden, Granatsplitter entfernt und die Verwundeten zum Weitertransport vorbereitet.

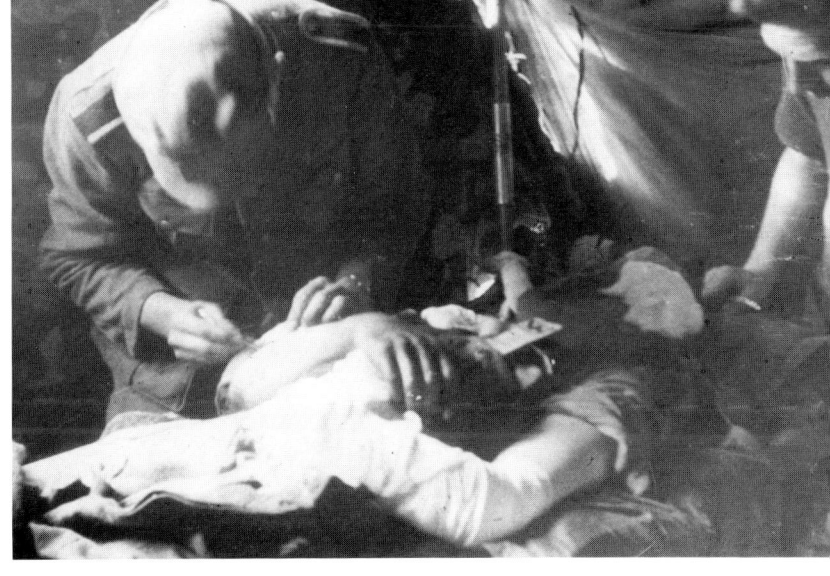

Auch gefangene, verwundete Russen werden betreut.

Septemberangriff — Sowjetsoldaten eben nach ihrer Gefangennahme unterhalb der Höhe 262,2.

General Dietl ist selbst vorn bei einer Lagebesprechung. Die Gesichter sind ernst, es geht kaum noch voran.

Gegenstoßreserve erwartet den Einsatzbefehl.

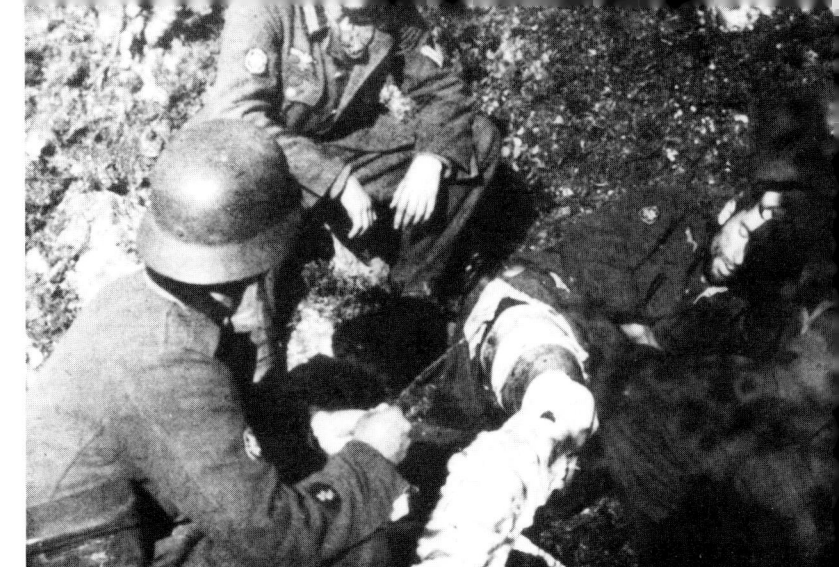

Ein Schwerverwundeter erhält in vorderster Linie einen Notverband durch einen Truppensanitäter.

Vollkommen erschöpfte Männer in kurzen Gefechtspausen.

Sie haben bis zuletzt gekämpft — tote Russen in ihrer Steindeckung.

Mühselig und schwierig, wie alles hier in der Tundra, war auch der Nachschub. Wo der Lkw nicht mehr voran kam, mußten Bespannfahrzeuge alles Notwendige heranbringen. Hier ist ein Wagen im tiefen Morast umgefallen.

In den rückwärtigen Räumen, soweit als möglich vorgezogen, standen die Feldküchen.

Tragtiere oder Essenträger brachten oft im feindlichen Feuer die gefüllten Kanister bis an die Front.

Die andere Seite: Sowjetische Offiziere bei einer Besprechung.

Die überall lauernden russischen MPi-Schützen.

Für sie ist der Kampf zu Ende: Rotarmisten kurz nach ihrer Gefangennahme.

Es geht nicht mehr weiter, zum Teil müssen die erreichten Linien sogar zurückverlegt werden. Die Liza wird zum Schicksalsfluß der 2. und 3. Gebirgsdivision.

Im letzten Schein der Sonne, ehe sie für lange Monate untergeht — ein Oberjäger und zwei Obergefreite, von Strapazen und vom Kampf gezeichnet, in Reserve vor ihrem Zeltunterschlupf.

Die Pferde und Tragtiere, abgetrieben und voller Druckstellen, fressen aus Futtermangel die Rinde von den Birkenstämmchen.

Es wird zur Verteidigung übergegangen, ostwärts des Flusses entsteht der Liza-Brückenkopf. Erste Stellungen werden gebaut.

Beobachter hinter einer aufgeschichteten Steinmauer sucht mit dem Glas das Feindgelände ab.

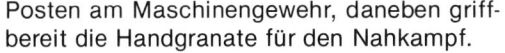

Posten am Maschinengewehr, daneben griffbereit die Handgranate für den Nahkampf.

Auch am Fischerhals entstanden aus Steintrümmern Deckungen, da ein tiefes Eingraben im Fels nicht möglich war.

Dicht hinter den Stellungen wurden an Felswänden aus Ästen, Steinen und Zeltbahnen kümmerliche Unterkünfte gebaut. Hier spielte sich das Frontleben ab.

Schon in der Nacht zum 23. September fiel der erste Schnee, der Polarwinter kündigte sich an.

Das war ein Kompaniegefechtsstand.

Weiter rückwärts standen alle Tragtiere noch völlig ungeschützt im Schnee.

Der Kampf an der Eismeerfront hatte sich, da Freund und Feind erschöpft waren, vorerst ausgetobt, nur hin und wieder war noch die Artillerie tätig. Eine schwere 15 cm Feldhaubitze in Feuerstellung.

Restlos abgekämpfte Männer der beiden Gebirgsdivisionen warten sehnlichst auf ihre Ablösung nach über einem Vierteljahr schwersten Kampfes. Wann kommen die Kameraden der 6. Gebirgsdivision...

Dann ist es zwischen dem 15. und 28. Oktober endlich soweit. Arg gelichtete Reihen der 2. und 3. Gebirgsdivision verlassen die so heiß umstrittenen Höhen, Täler und Senken der Tundra. Ihr Weg geht zurück — er führt nicht mehr nach Murmansk.

Zum letzten Mal am Grab des gefallenen Bruders. Er bleibt wie tausend andere Gebirgssoldaten für immer in der Tundra.

Allen Eismeerkämpfern wohlbekannt — Parkkina mit seinem Glockenturm, davor ein Rentier-Schlittenzug.

Die Eismeerfront im Winter 1941/42

(6. und 2. Gebirgsdivision)

Letzte Mitternachtssonne über dem Tundrengebiet am Eismeer.

Lappe mit seinem typischen, von einem Rentiergespann gezogenen Lastschlitten.

Aus dem sonnigen Griechenland kommend, sind Einheiten der 6. Gebirgsdivision im dänischen Hafen Aalborg zum Einschiffen nach Nordnorwegen bereit.

Transportflotte unterwegs zum Nordkap, ehe englische Seestreitkräfte auftauchen.

Teile der Division müssen nach Umleitung vom finnischen Rovaniemi aus rund 600 Kilometer Fußmarsch auf der Eismeerstraße in das zukünftige Einsatzgebiet zurücklegen.

In Schnee, Kälte und Sturm mühen sich unter größten Schwierigkeiten Männer und Tiere ab, um an die Front zu gelangen.

Wo sind die eigenen Linien, wo ist der Feind? Ringsum nichts als Kuppen, Täler und verschneite Tundra.

Sie hatten die Führung und trugen die Verantwortung (v. links nach rechts): General Schörner erst noch Kommandeur der 6. Gebirgsdivision, dann Kommandierender General des Gebirgskorps Norwegen, Generaloberst Dietl, nunmehr Oberbefehlshaber der gesamten Lappland-Armee, General Philipp, neuer Kommandeur der 6. Gebirgsdivision.

Dünne Tuchmäntel, Windjacken, zu den Bergmützen Kopfschützer und vielleicht auch noch Anoraks, so mußten die Männer der »Sechsten« dem arktischen Winter trotzen. Richtige Winterbekleidung traf erst nach und nach ein.

Eine Flasche mit »Hochprozentigem« geht herum, das heitert die Gemüter etwas auf.

Die Bekleidung der gefangenen Russen, hier beim Verhör durch einen Dolmetscher, sah anders aus — Pelzmützen und dicke Wintermäntel, Filzstiefel, dickwollene Handschuhe und Tarnbekleidung.

Eine vielfach gewundene Linie im Schwarz, Grau und Weiß von Höhen, Felsen und Schnee auf dem Luftbild, das war die »Russenstraße«, die einzige Verbindung nach rückwärts.

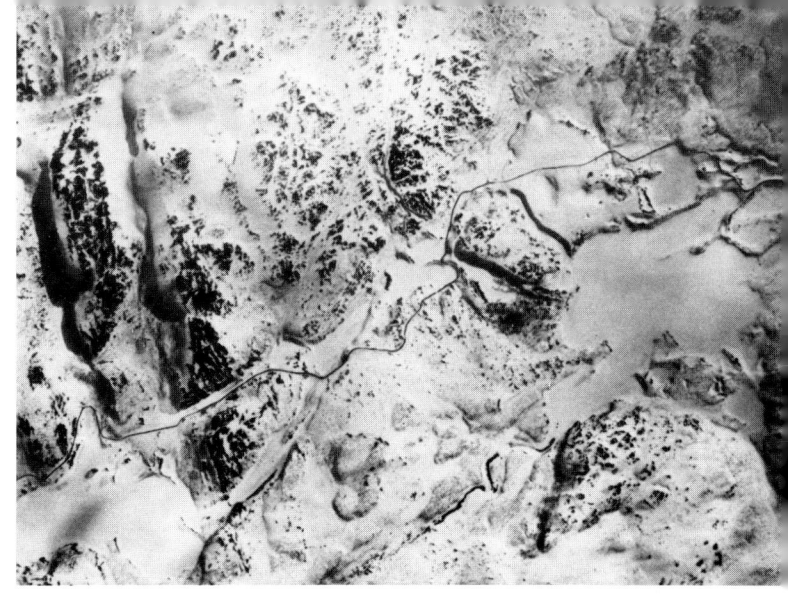

Die neue »Prinz Eugen-Brücke« über den Petsamojokki.

Auch über sie lief jeder Verkehr nach vor- und rückwärts, die »v. Hengl-Brücke« vor der Liza-Bucht.

Der Kampfraum im Norden beim Grenadierregiment 388 — ein Laufgraben zu einer vorderen Stellung am Fischerhals.

Ein Jägerzug auf dem Weg zur Ablösung. In Bildmitte, kaum erkennbar im Schnee, ein Finnen-Rundzelt als Behausung.

Posten an der Motowski-Bucht, das leichte MG mit Mittelunterstützung für größeren Schwenkbereich.

Die Front des Gebirgsjägerregiments 143 im Liza-Brückenkopf. SMG-Stellung des I./143 an der Liza-Bucht, nördlichster Punkt der gesamten deutschen Ostfront.

Stützpunkt K 9 mit aus Steinen aufgeschichteten einzelnen Deckungen.

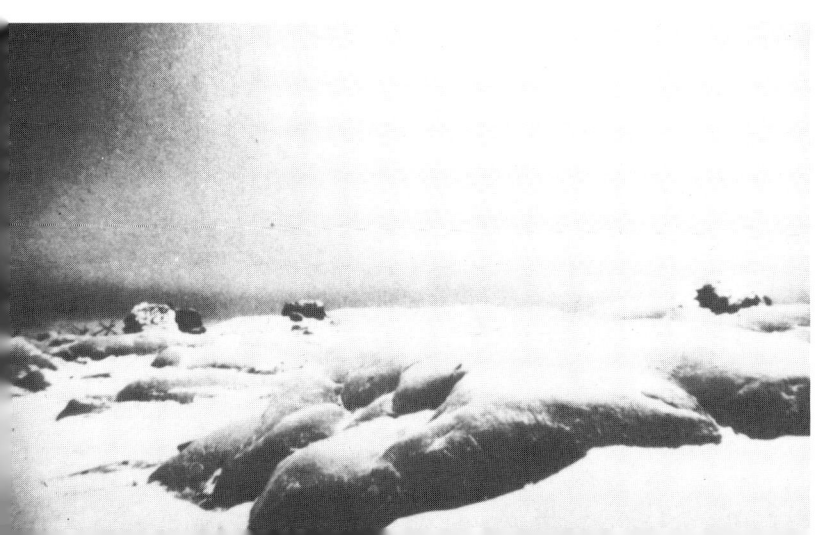

Gelände zwischen K 5 und K 6, Südrand »Gaisberg«.

Blick von K 2b zum »Runden See« und zum Höhenrücken 314,9 mit dem Kampfstützpunkt K 3, vorgelagert der »Sturmbock«, im November und Dezember erbittert umkämpftes Gelände.

Zugang zwischen hohen Schneemauern zu einem MG-Stand auf K 3.

Jenseits der »Russenstraße« zog sich die Front des Gebirgsjägerregiments 141 bis in Gegend »Riesen See« mit dem Höhengelände »Hausberg«.

Melder auf dem Weg zum Stützpunkt 1 mit »Teufelsberg«.

Stützpunkt 2, im Hintergrund links »Ager«- und »Eichhornberg«, Bildmitte Warsjärwi See, rechts »Thingberg«.

Die Sicherungs- und Feldwachlinie von Teilen der 2. Gebirgsdivision in der offenen Südflanke, Gegend »Katschberg« mit Tschapr See.

Überleben mit allen Mitteln — gegen den Feind und besonders gegen die Natur. Und dazu gehörten vor allem die Unterkünfte, in denen man vor dem eisigen Polarwinter halbwegs geschützt war. — Hinter einem Felshang wird ein finnisches Spitzzelt mit einem Schneewall umgeben. Die gefallenen Kameraden (links) müssen noch auf eine Bestattung warten.

Polarlicht über einem der gelieferten finnischen Rundzelte aus Sperrholz, aus deren Mitte der Kamin ragt.

In vorderster Linie mußten sich die Männer in Stein- oder Schneehöhlen verkriechen. Die Waffen blieben draußen, damit ihre Funktionsfähigkeit nicht beeinträchtigt wurde.

Mit großen Baumsägen wurden Schnee- und Eisblöcke geschnitten und zu einem Unterstand aufgerichtet. Die lächelnden Gesichter galten nur dem Fotografen für ein Bild in die Heimat.

Auch das gab es in der winterlichen Tundra — Abgang einer Lawine, die vor einem im Schnee vergrabenen Zeltlager zum Stehen kam.

Tief eingeschneiter Wohnbunker mit Zugangsgraben, Eingang (links) und Fensteröffnung (rechts), die eben freigeschaufelt wird.

Weiter rückwärts, etwa an den Kfz-Endpunkten, gab es sogar schon richtige Hütten aus Bohlen und Brettern. Vorn rechts ein ausgedienter Bunkerofen aus einem leeren Spritfaß.

Das große Lager in der Nähe des Titowa-Überganges — eine Vielfalt von Zelten und Unterkünften aller Art.

Auch für die Tragtiere mußte gesorgt werden. Ein »Haflinger« in einem offenen Schneestall, als Kälteschutz eine Decke. Trotz Schnee und Kälte hielten Pferde und Mulis erstaunlich gut durch.

Nicht minder wichtig war der Nachschub, der alles zum Leben und Kämpfen Benötigte, heranbrachte. — Auf der Russenstraße (hier in der Nähe der Liza-Brücke) zieht eine vollbepackte Karettenkolonne nach vorn.

Verpflegungsschlitten mit Tandem-Bespannung, dahinter, falls nötig, ein Schiebekommando.

Tragtiere bringen Äste und Knüppel als Brennholz zu einem Wohnbunker. Die senkrechten Stangen waren Weg-Markierungszeichen.

Letztes Wegstück an die Front — oft mußten im Nebel und Schneesturm Träger den Transport übernehmen.

Ein Munitionsdepot — Kradfahrer brachten eben Kästen mit Wurfgranaten, die gestapelt werden.

Ausgabestellen in der freien Tundra für einen Stützpunkt oder Abschnitt. Hier wurden alle Güter herangebracht, verteilt und von der Truppe abgeholt.

Wie aber wären Nachschub und Versorgung möglich gewesen, wenn die einzige, 50 Kilometer lange von Parkkina heranführende Straße nicht laufend freigehalten worden wäre. — Per Hand und mit Schneefräse wird ein meterhoch verschneites Straßenstück frei gemacht.

Wieder hat ein Polarsturm die Straße kilometerweit mit Schneemassen zugedeckt. Räumkolonnen, die Gewehre griffbereit gegen mögliche Überfälle von durchgesickerten Feindteilen, versuchen sie freizuschaufeln.

Kaum an der Eismeerfront eingetroffen, begann auch schon der Kampf. Die abzugbereiten Handgranaten vor sich, beobachtet im Abschnitt des III./143 ein Posten mit dem Glas das Gelände.

Postenstand im Südabschnitt beim Gebirgsjägerregiment 141, der zwar etwas Schutz gegen das Wetter, aber keineswegs gegen Beschuß bot.

Alarm! — Im Dunkel der Polarnacht greift Feind an.

Gruppenaufnahme zur Erinnerung — Bedienung eines schweren Granatwerfers in Tarnüberzügen in einem Schneeloch. Im Hintergrund die »Kampenhöhe«.

Als Hindernisse können auf dem Schnee meist nur sog. »Spanische Reiter« aufgestellt werden. Dahinter liegt ein Scharfschütze auf der Lauer.

Schweres Maschinengewehr in Stellung, die MG-Schützen teilweise schon mit Pelzjacken und -mützen.

Die 7,5 cm Gebirgsgeschütze der leichten Gebirgsartillerie unterstützten aus offenen Feuerstellungen den Abwehrkampf der Jäger.

Außer Stacheldraht gab es auch noch ein anderes, besonders gefährliches Hindernis. Pioniere beim Scharfmachen und Verlegen von Minen.

Die schwere (IV.) Abteilung des Gebirgsartillerieregiments 118 mit ihren 15 cm Feldhaubitzen in Stellung im Raum »Herzberg«.

Gleich schwierig und mühsam wie der Nachschub nach vorn waren auch Bergung, Versorgung und Transport der Verwundeten nach rückwärts, denn die Kämpfe gingen mit aller Heftigkeit die Wintermonate hindurch weiter.
— Ein Schwerverwundeter wird in einem Akja über einen Hang geschleppt.

Dick eingehüllt wird ein Verwundeter auf einem Schlitten von einem Sanitätsbunker (rechts oben) von Kameraden weiter zum HV-Platz »Winkel See« gezogen.

Ärztliche Versorgung in einem erst noch provisorisch aus Schneeziegeln und Zelten errichteten Hauptverbandplatz. Ein Verwundeter wurde auf einem sog. »Nansenschlitten« mit Hundegespann gebracht.

Hilfe auch für den verwundeten »Mann von gegenüber« — die Feindschaft ist vorbei.

Wenn möglich und soweit vorhanden, landeten »Fieseler Störche« als Sanitätsflugzeuge auf zugefrorenen Seen, um Schwerstverwundete so rasch als möglich in das Feldlazarett nach Parkkina zu bringen.

Wo es nur anging, ließen die Jäger ihre gefallenen Kameraden nicht im Kampfgelände zurück. Die letzte Fahrt auf einem finnischen Schlitten ...

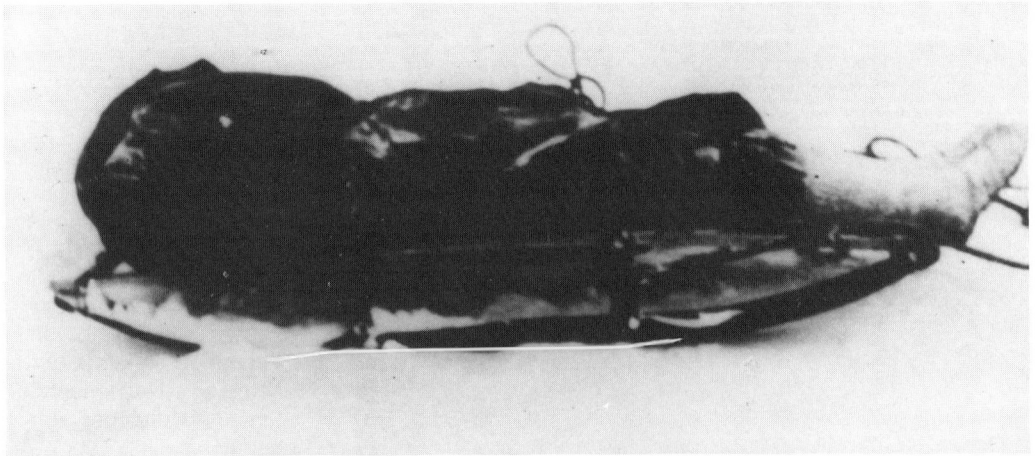

Mußten im Liza-Brückenkopf, besonders von K 2 bis K 5, wochenlange Angriffe der Russen abgewehrt werden, so wurde in der offenen Südflanke die Verteidigung voll winterbeweglich mit Skiern und Schlitten, tarnenden Schneemänteln und Winterbekleidung geführt. — Die Männer eines Skispähtrupps werden in Lage und Auftrag eingewiesen.

Eine Skijagdkompanie des II./141 vor dem Aufbruch.

Tagelanger Marsch durch die verschneite Tundra. Rentiere ziehen die Akjas, auf denen schwere Waffen und Munition verladen sind.

Kompaniechef und Zugführer sind vorn — wo steht der Feind?

Zwischen Birkengestrüpp geht es auf Skiern hangab zum überraschenden Angriff

Bataillonsstab während eines Gefechts — ein Melder ist angekommen.

Der Kampf ist vorbei. Erstürmte russische Höhenstellung.

Ein niedergekämpftes MG-Nest hinter Schneemauern.

Der einsame Tod in Schnee und Eis.

Verwundete in Akjas, die von Rentieren gezogen wurden.

Der schwedisch-finnische Hundeführer Aspegrin (ganz rechts mit Koppel und Pistole) mit einem Hundegespann vor einem der typischen Lappen-Schlitten.

Treue und zuverlässige Helfer — Polarspitze im Zuggespann.

Die andere Seite: Sowjetische Skitruppen gehen vor.

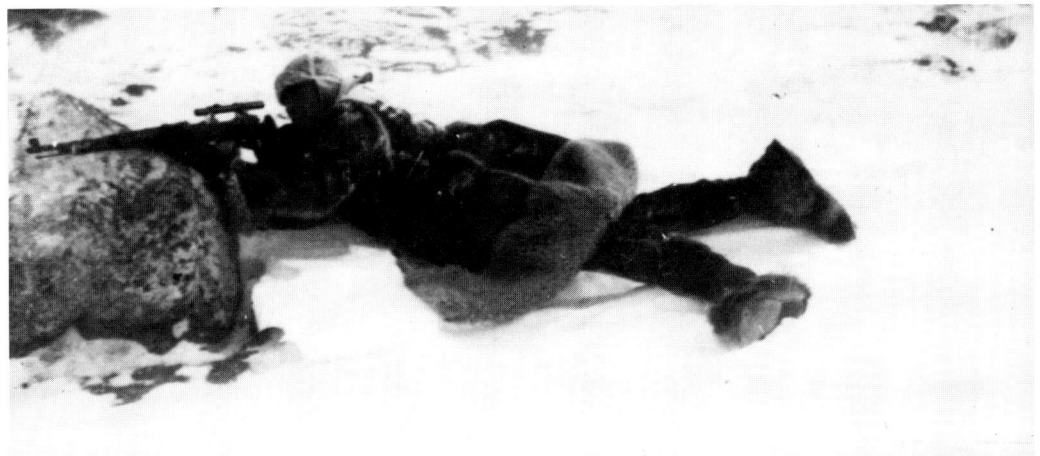

Russischer Scharfschütze mit Zielfernrohrgewehr.

Ein russischer Stoßtrupp greift an.

Dann kam die große Winterschlacht im Mai 1942 mit dem sowjetischen Zangenangriff, der die ganze deutsche Eismeerfront bedrohte. Im Nordraum...

...und im Süden wehren sich die Jäger gegen alle feindlichen Vorstöße.

Leichte Gebirgsbatterien greifen in die Abwehrkämpfe ein.

Die Bataillone der 2. Gebirgsdivision kommen der schwer bedrängten 6. Gebirgsdivision zu Hilfe. Jäger gehen in die Bereitstellung zum Gegenangriff.

Ein vorgezogenes 7,5 cm Gebirgsgeschütz (älteres Modell Skoda) gibt direkte Feuerunterstützung.

Sammelplatz und Erste Hilfe in einem Verwundetennest.

Ein drei Tage währender Schneesturm von ungeahnter Heftigkeit setzt allen Kampfhandlungen zunächst ein Ende. Dann gehen die erbitterten Gefechte weiter.

Jäger brechen auf einem russischen Höhenstützpunkt ein.

Eine Zigarette für den gefangenen Gegner.

Restlos übermüdet ist ein Jäger zwischen Steinen und Schnee in tiefen Schlaf gefallen.

Die Schlacht war nach dreiwöchigem Ringen zu Ende (hier Gegend um Liza-Bucht). Zurück bleiben auf Höhen, Felsen und Hängen, in Tälern und Senken die Toten beider Seiten.

Der große Friedhof in Parkkina mit den nahezu endlosen Gräberreihen von über 5000 Toten des Gebirgskorps Norwegen. Während der großen sowjetischen Offensive im Herbst 1944 wurde der Friedhof von russischen Panzern eingewalzt.

Der Angriff des XXXXIX. Gebirgs-Armeekorps gegen den Hochkaukasus im Sommer 1942 — 1. Gebirgsdivision

In endlosen Märschen, über vier Wochen und länger, bei einem täglichen Tagesdurchschnitt von fast 30 Kilometern, in glühender Sommerhitze, marschierten die Männer der 1. Gebirgsdivision im Juli 1942 dem noch fernen Ziel entgegen.

Bis dann eines Tages mit weißgezackten Kämmen, mächtig überragt vom Elbrus, hinter der Kubangegend der Kaukasus auftauchte.

Noch gelang es rasch vorgeworfenen mot. Teilen (Vorausabteilung Lawall) bei Mikojan Schachar russische Nachhuten vor Eintritt in das Gebirge vernichtend zu schlagen.

Staunend betrachtet die einheimische Karatschaier-Bevölkerung die anmarschierenden deutschen Gebirgssoldaten.

Der sowjetische Kurort Mikojan Schachar mit so gar nicht in die Landschaft passenden modernen Zweckbauten.

Der letzte kleine Ort Chursuk im Ullu Kam-Tal.

Durch waldige Täler ging es zwar schwerbepackt, doch wie erlöst von den vergangenen schweren Kämpfen im Flachland, hinein in die Berge des Kaukasus.

Begegnung unterwegs — Karatschaier-Frauen, die von einer Alm kommen.

Und die Männer — gern hoch zu Roß und bewaffnet mit altertümlichen Gewehren und Dolchen, um ihren Freiheitswillen gegenüber dem Sowjetstaat zu zeigen.

Das bevorstehende Kampfgelände — Kämme, Gipfel, Zacken, Steilwände, Täler und Schluchten, vielfach vereist und verschneit. Blick in das von den Russen besetzte Gwandra-Tal.

In der Nähe des Kluchor-Passes

Blick von der Kara Kara-Scharte gegen den in Nebel gehüllten Akssaut mit über 4000 Metern.

Hochgebirgskompanie Groth im Anstieg aus dem Ullu Kam-Tal hinauf zum Chotju Tau-Paß. Über schäumende Gebirgsbäche...

...steile Geröllhalden...

...und Schneefelder geht es immer höher hinauf. Die Mulis, seit Jahren treue Wegbegleiter, sind auch hier mit dabei.

Auf dem 3546 m hohen Chotju Tau-Paß.

Über den spaltenreichen großen Asau-Gletscher führt der Weg dem jetzt erstmals erblickten Elbrus-Haus entgegen. Im Hintergrund der Doppelgipfel des Uschba (4700 m), links der Tschatyr Tau (4363 m).

In Einzeltrupps, kleinwinzig in der riesigen Welt von Bergen, Schnee und Eis, rücken die Jäger vor. Im Hintergrund der spitze Gipfel des Gwandra (3988 m).

Das hatte es bisher in der Kriegsgeschichte noch nicht gegeben: Mulis mit den verlasteten Einzelteilen eines Gebirgsgeschützes steigen über blankes Eis zum Elbrus-Haus auf (im Hintergrund).

Wie ein riesiger Pullman-Waggon liegt es da, ein sowjetisches Touristenhotel in 4200 m Höhe, vorn links ein eigener Küchenbau.

Noch etwas höher gelegen die meterologische Station mit einem wahrhaft grandiosen Blick auf die Bergwelt (Bildmitte der Uschba, rechts sich in den Hintergrund ziehend das Dongus Orun-Massiv mit dem Sussengi (4468 m).

Der Doppelgipfel des Elbrus (= die »Brust«) mit Westgipfel (links, 5633 m) und Ostgipfel (rechts, 5595 m).

Am 21.8. gelang die Bezwingung des Elbrus-Westgipfels, bei herrschendem schlechten Wetter eine besondere alpine Leistung. Am trigonometrischen Zeichen wurde die Reichskriegsflagge gehißt. (Aufnahme von einer späteren Besteigung).

Erster Versuch der Besteigung durch eine ausgewählte Gipfelmannschaft am 19.8.

Das II. Bataillon/Gebirgsjägerregiment 99 folgte in das Elbrus-Gebiet nach. Die höchste, jemals bezogene Geschützstellung in 4300 m Höhe.

Beobachter mit Glas und Scherenfernrohr über dem Elbrus-Haus.

Und ganz hoch oben (4500 m) im sog. »Storchennest« eine sMG-Stellung, weithin den Asau- und Terskol-Gletscher beherrschend (Die höchste Kampfstellung im 1. Weltkrieg auf dem Ortler befand sich in fast 4000 m Höhe.)

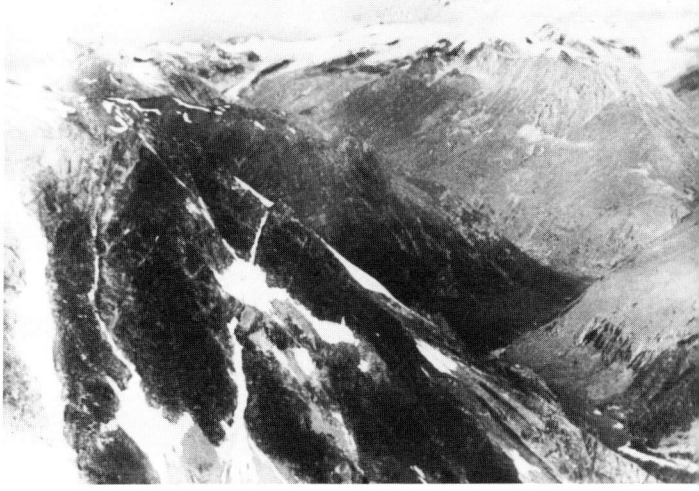

Das Kampfgebiet der »99er«, Blick von Süden nach Norden, also von Feindseite her: Im Hintergrund der Elbrus mit seinen ausgedehnten Gletscherfeldern, oben auf den abfallenden Felsen »Traktoreninsel«, Bildmitte auf dem nach rechts abfallenden Felsgraten Krugosor, vorn links oben der Dongus Orun-Paß. Von rechts heraufführend der oberste Bakssan-Talgrund, Anmarschrichtung der Russen (s. auch Skizze).

Sicherung am Tschiper Asau-Paß (3268 m).

Steinbauten und Zelte als Unterkünfte an Asau-Paß (3260 m).

Mit Seilen und Strickleiter wird eine Wand erstiegen.

Spähtrupp unterwegs in Richtung Bassa-Paß.

Gratbesatzung mit schweren MG unterhalb des Dombai Ulgen (4038 m).

Durch das Teberda-Tal vorstoßend, griff die Kampfgruppe v. Hirschfeld (Teile des Gebirgsjägerregiments 98) den 2816 m hohen Kluchor-Paß an, den einzigen Übergang der »Suchum'schen Heerstraße« über das Gebirge. — Jäger im Angriff.

Über ein Schneefeld herab kommen Russen, um sich zu ergeben.

Das letzte Wegstück vor dem Paß.

Am Abend des 17.8. war der Kluchor-Paß erstürmt.

Stiller Abschied von den toten Kameraden.

Das war die »Suchum'sche Heerstraße«, durch steile Schneefelder, entlang an abschüssigen Hängen und felsigen Abstürzen, gerade noch gangbar für Mensch und Tier.

Abstieg hinunter ins Klitsch-Tal.

Die Fortsetzung der »Straße« im Tal — ein kaum erkennbarer Pfad durch dicht verwachsenen Wald und Dickicht.

Nun begann ein hartes, verlustreiches Ringen um den Austritt aus der Talenge, das von den »98ern« meist im Nahkampf geführt werden mußte. — Ein genommenes sowjetisches Widerstandsnest.

Der Gegner führte frische, starke Kräfte heran, die Jäger mußten zur Verteidigung übergehen. Kaum kenntlich im Unterholz bauten sie ihre Steindeckungen neben ihren toten Kameraden, die noch zurückgebracht werden.

In 15 bis 20stündigem Anstieg mußten die Schwerverwundeten aus dem Tal zum Kluchor-Paß hinauf und wieder in neuen Tagesmärschen hinunter und weiter nach Teberda ins Lazarett gebracht werden.

Nur ein kurzes Stück wäre es noch gewesen, aber wegen zu geringer Stärke und zu großer Nachschubschwierigkeiten konnte der Austritt aus dem Gebirge und der weitere Weg nach Suchum nicht mehr erkämpft werden. Daran konnte auch der Divisionskommandeur General Lanz (rechts) nichts ändern. Neben ihm der durch Kopfstreifschuß verwundete Major Salminger, Führer der Regimentskampfgruppe 98 im Klitsch-Tal.

Rückwärtiges Lager mit Verbandplatz, Verpflegungsausgabestelle, Munitionslager usw. im vom Regen feuchten Tal.

In der zweiten Septemberwoche begann der Rückmarsch aus dem Klitsch-Tal. Zurück blieb der um einen großen Steinblock angelegte Friedhof.

Russische Gefangene unterhalten sich mit einem Karatschaier, der als Tragtierführer in deutschen Diensten steht. (Zur freundlichen Beachtung: Das Tragtier im Vordergrund ist kein Muli der Gebirgstruppe, sondern ein einheimischer kleiner Steinesel.)

Unterdessen ging der Kampf an der ganzen Hochgebirgsfront weiter. Jäger, die Waffen schußbereit, in Erwartung eines Feindangriffs.

Über Höhen und Täler hinweg gaben die oft einsamen Funkstellen Befehle und Meldungen durch. ein Tretmotor (rechts) lieferte den nötigen Strom.

Der Divisionsgefechtsstand im Gebäude einer russischen Wetterstation. Im Hintergrund der Bjelala Lakaja (3885 m), das kausasische »Matterhorn«.

Vorgeschobene Sicherung auf einem Felsgrat.

Über mächtige Gletscher mit tiefen Abbrüchen klärt ein Spähtrupp auf. Alpine Bekleidung und Ausrüstung war noch nicht vorhanden.

Posten mit Schneehemd an einem zur Fliegerabwehr eingesetztem leichten MG. Außer einigen 2 cm-Fla-Geschützen war dies die einzige Abwehr gegen die zahlreichen sowjetischen Flugzeuge.

Beobachtungsposten auf der »Traktoreninsel« (3300 m), Blick gegen Dongus Orun.

In den Bergen begann früh der Herbst. Die gefangenen Russen trugen zwar keine Gebirgsuniform, aber sie waren bereits mit Winterbekleidung ausgestattet.

Tod im Hochgebirge zwischen Felsblöcken, Geröll, Schnee und Eis.

Wie immer und überall unterstützten die schweren Waffen den Kampf der Jäger. — Ein schwerer Granatwerfer an einem Schneehang, einen Augenblick bevor die Wurfgranate ins Rohr gleitet.

Oft genügte ein gut eingenistetes schweres Maschinengewehr, um einen Anstieg, Paß usw. zu sperren.

Donnernd hat ein 7,5 cm Gebirgsgeschütz in das obere Bakssan-Tal hinunter abgefeuert.

Monatelang mußte sich die Truppe vorn selbst aus den herangebrachten Lebensmitteln verpflegen. Hier gibt's aus einem Kochkanister mit heißem Kaffee, Brot und Wurst aus den Konservebüchsen ein morgendliches Frühstück.

Kameradschaft wurde in der Gebirgstruppe immer groß geschrieben. Berge und Natur hatten die Männer schon in Friedenszeiten eng verbunden.

In einem Tal bruzzelt sich einer aus Trockenkartoffeln und dem Inhalt einer Fleischbüchse sein Mittagessen nach eigenem »Rezept«.

Tief unten im Marucha-Tal drang das I. Bataillon des Regiments 98 vor. An einem gespannten Seil wird der reißende Fluß durchschritten, andere Übergangsmöglichkeiten gibt es nicht.

Major Bader, der Bataillonskommandeur, nimmt Abschied von einem seiner Zugführer, der schwer verwundet wurde.

Niedergekämpftes russisches MG-Nest mit einem schweren Maxim-MG.

Am 5.9. wurde der vom Feind genommene Maruchskoj-Paß im Zusammenwirken zwischen Hochgebirgsbataillon 2 und I./98 zurückerobert. Im verwegenen Angriff über die Felsen herab griffen die Hochgebirgsjäger den Paß aus der Flanke an.

Das Kampfgelände: Im Vordergrund der Maruchskoj-Paß, im Hintergrund der Maruch-Gletscher, rechts der Maruch Dachi (3729 m), links der Kara Kara (3897 m) — (s. auch Skizze).

Die große Waffenbeute, darunter zahlreiche Maschinengewehre, zeigte nachträglich die Stärke der Paßbesatzung.

Die andere Seite: Bis tief in die Bergtäler hinein ritten russische Kavalleristen, um dann zum Kampf abzusitzen.

Sowjetsoldaten überschreiten bei ihren Gegenangriffen einen Paß.

Bedienung und Tragtiere mit zerlegtem Geschütz beim Aufstieg.

So sah es mit Nachschub und Versorgung aus: Aus den Bergtälern, in denen gerade noch Karetten und Kettenräder verkehren konnten, waren Tragtierstaffeln zu allen Frontabschnitten tagelang unterwegs. — Ein schwerbepacktes Muli im Anstieg.

Die treuen Kriegskameraden mußten sich oft als wahre Meister im Klettern erweisen. Nicht wenige stürzten dabei ab.

Steil bergab mußte ein Mann am langen Seil bremsen. So ging es Tag für Tag bergauf und -ab, bei jedem Wetter, in Hitze und strömendem Regen.

Wo auch die Mulis nicht mehr eingesetzt werden konnten, mußten Träger hochsteigen. — Ein Trupp bringt Bauholz auf eine Höhenstellung.

Dies war ein Umschlagplatz, die paar Männer halten Ausschau nach der nächsten Versorgungskolonne. Von hier aus wurden von den Sicherungen und Stützpunktbesatzungen Verpflegung, Munition und vor allem natürlich auch die Feldpost abgeholt.

Dagegen konnten die Sowjets aus der küstennahen Gegend auf guten Straßen mit ganzen Lkw-Kolonnen direkt in die Berge fahren.

Auch hier wie an der Eismeerfront der Leidensweg der Verwundeten. Am Seil wird ein verwundeter Jäger aus einer Kammstellung herabgeleitet.

In einem aufziehenden Gewittersturm werden Schwerverwundete aus dem Elbrus-Kampfgebiet in Tage währenden Märschen über den Chotju Tau-Paß zu Tal gebracht. Zu 4 Bahrenträgern gehörten jeweils 4 Männer zur gegenseitigen Ablösung.

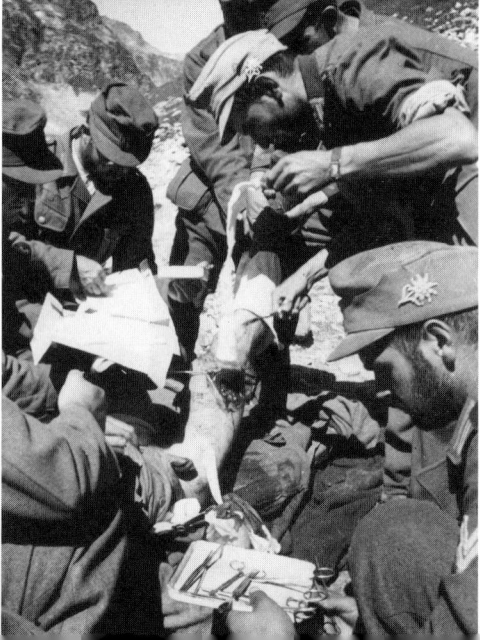

Wo Hilfe dringend nötig und ein Arzt zur Stelle war, wurde auch an Ort und Stelle unter freiem Himmel operiert.

Eine der Zwischenstationen für die Verwundeten aus dem Klitsch-Tal war ein Sanitätsstützpunkt unterhalb des Kluchor-Passes am sog. »Eissee«.

Er hat den ewigkeitslangen Weg zurück wie so mancher andere nicht mehr überlebt...

Auch für die gefangenen Russen gab es ärztliche Hilfe und Beistand. Diese Verwundeten, bereits aus den Bergen herausgebracht und versorgt, warten auf den Weitertransport.

Der Hochgebirgswinter kündigte sich an — Zeltbiwak in 3000 Meter Höhe.

In Eile werden aus Steinen, Felsbrocken und heraufgeschleppten Brettern und Bohlen Unterkünfte gebaut.

Eine Tragtierstaffel auf dem Rückmarsch zum Chotju Tau-Paß.

Der Kampf ging auch im Hochgebirgswinter weiter. Winterbekleidung verschiedener Art war nun genügend vorhanden. — Spähtrupp geht zur Aufklärung und Erkundung vor.

Gratbesatzung wehrt einen feindlichen Vorstoß ab.

Schweres Maschinengewehr sichert einen Paßübergang.

Ein russischer Stoßtrupp wird von einem leichten MG unter Feuer genommen.

Nach einem abgewehrten Angriff. Überlebende Russen ergeben sich und werden nach Waffen durchsucht.

Tief eingeschneiter Stützpunkt auf dem Nachar-Paß (2931 m).

Der Winter mit Kälte, Sturm, Nebel, tiefem Neuschnee und Lawinen brachte noch größere Schwierigkeiten und Gefahren als im Sommer. — Ablösung einer Stützpunktbesatzung beim Traversieren eines Schneehanges in 3000 m Höhe.

Nun, da wegen des hohen Schnees keine Tragtiere mehr gehen konnten, mußten allein Trägerkolonnen die Versorgung übernehmen.

Als Anfang Januar 1943 auch die Front im Hochkaukasus aufgegeben werden mußte, blieben wie überall die toten Kameraden zurück. Hier ist es der Friedhof der zu Tal gebrachten Gefallenen der 16./99 bei Stützpunkt III.

— 4. Gebirgsdivision

Letzter Feldgottesdienst vor dem großen Aufbruch.

Am 26.7. wurde auf einer Kriegsbrücke der Don überschritten. Im Hintergrund das nach hartnäckiger Verteidigung stark zerstörte Rostow.

Unter größten Strapazen, in Hitze, Staub und Schlamm ging es auch bei der 4. Gebirgsdivision dem noch hunderte von Kilometern entfernten Kaukasus entgegen. Hier in den Niederungen des Don Deltas.